幼儿领域核心经验
与活动设计丛书

幼儿语言核心经验与活动设计

主　　编　王晓燕

副 主 编　邹　琼

编　　者（排名不分先后）

　　　　　袁　蕾　施侃琪　朱润宇　朱玉娟　胡谦茹

　　　　　杨音音　张美荃　方　莹　冯　敏　许　琴

复旦大学 出版社

模块三 渗透一日生活各环节的活动设计

幼儿语言学习的影响因素及语言习得的主要途径

一、幼儿语言学习的影响因素

　　语言是人类相互交流、表达个体心理、思维和认知的工具，也是一种高级的神经活动形式。人类语言的发展是一个复杂的过程，3—6岁是语言发展的关键期。2012年10月，我国教育部印发的《3—6岁儿童学习与发展指南》在"语言"部分指出："幼儿期是语言发展，特别是口语发展的重要时期。幼儿语言的发展贯穿于各个领域，也对其他领域的学习与发展有着重要的影响：幼儿在运用语言进行交流的同时，也在发展着人际交往能力、理解他人和判断交往情境的能力、组织自己思想的能力。通过语言获取信息，幼儿的学习逐步超越个体的直接感知。"可见，在幼儿园阶段，语言的学习与发展对幼儿身心的全面发展有着重要的意义和价值。

　　如何培养和发展幼儿的语言呢？我们先来了解一下幼儿语言学习的影响因素。

（一）生理因素的影响

1.生理机能

　　语言的习得，包括先天遗传和后天环境这两个重要、不可或缺的条件。语言的先天遗传条件涉及很多生理功能，如幼儿的发音器官、听觉功能、大脑发育、智力因素及人格因素等。美国哲学家乔姆斯基认为，一个生理发育正常的幼儿，在出生后四至五年内未经任何正式训练而顺利地获得听、说母语的能力，其发展的速度是其他复杂的心理过程和心理特征所不能比拟的。美国心理学家勒纳伯格认为，生物的遗传素质是人类获得语言的决定因素，语言是人类大脑功能成熟的产生物，人类大脑具有其他动物没有的专管语言的区域，所以语言为人类所独有。

　　研究发现，婴儿对言语刺激是非常敏感的。出生不到10天的新生儿就能区别语音和其他声音，并对之作出不同的反应。

　　婴儿自出生第9个月起，已能重复不同音节的发音，还能发出同一音节的不同音调以及不同的音节组合，如 ou-ma, ba-wa 等，这个时期，婴儿已开始表现得能听懂成人的一些话，并作出相应的反应。如果问宝宝"妈妈在哪里"，他们就会把头转向妈妈。对他们说"笑一笑""再见，再见"，他就会做出相应的动作。

2. 遗传气质

语言的习得也受先天气质的影响。一般来说，性格比较外向的幼儿，喜欢把自己看见的、听到的、思考的以及自己当下的情绪状态都绘声绘色地用语言表达出来。这类幼儿总体上的语言能力就会稍微强一些。因为，他们获得的语言表达机会比较多，只是可能在语言的逻辑性和组织性方面稍微弱一些。 反之，那些性格比较内向的幼儿，由于对新环境的适应能力较弱，在陌生的环境中他们会特别拘谨，常常将自己的心理活动内化、隐藏在心里，更多时候是进行内部言语。比如，刚入园不久的幼儿，因为害怕陌生的环境，不敢和老师说话，有时想大小便都不敢跟老师说。又如，幼儿跟着父母去聚会，面对陌生人，不愿意或不敢打招呼。这些幼儿表达的机会比较少，但由于经过一定的心理活动，产生了一些信息编码，所以，他们语言组织的逻辑性相对那些即时回应的幼儿可能要略强一些。

（二）环境因素的影响

1. 环境对语言发展的重要性

人类的语言发展不仅需要具备一定的条件，而且还是一个相当复杂且漫长的过程，如果说先天遗传给幼儿说话提供了基本条件，那么后天环境则决定了其语言能力发展的程度。

"狼孩"现象说明，即使遗传没有问题，但是幼儿出生后没有生活在人类社会也会阻碍幼儿的语言发展。因此，只有在一个充满话语的环境里，幼儿才会得到充分的语言刺激。幼儿阶段，如果拥有大量语言输入的环境，便拥有更多语言学习的机会。频繁的语言刺激，伴随幼儿语言的学习与运用，可以帮助幼儿不断提高语言学习的能力。

2. 环境对语言发展的影响

这里所指的语言环境，包括家庭环境和社会文化环境。

（1）家庭环境

幼儿的家庭环境直接影响幼儿语言能力的形成和发展。家庭成员的言谈举止、兴趣爱好都对幼儿语言的发展有着潜移默化的作用。幼儿通过模仿父母的说话方式、用词用句，促使他们的语言理解、表达与运用能力得到一定的发展与提升。如果幼儿的父母本身就不擅长表达，那么幼儿从父母那里受到的语言表达影响就会比较小，他们语言能力的形成与发展，从父母处获得的帮助和启迪就会少一些。

（2）社会文化环境

社会是人与人交流和联系的统一体。在和同伴、成人的广泛接触中，幼儿开始逐渐感受到集体的力量，出现了较为丰富的情绪情感，这些都成为幼儿语言发展的基础。其中，出现比较频繁的是影视文化。当前，大多数幼儿都喜欢看动画片。幼儿可以从动画片中学习说话的词汇、句式和语气等，幼儿的日常对话常常是对动画片中对话语言进行的模仿和运用。

（三）自身经验的影响

1. 认知经验的影响

语言是思维发展的外在表现，它反映了思维的发展。所以，幼儿语言的发展也反映了他们认知内容和认知结构的发展。通过感知运动，幼儿对客体的认知体验逐渐丰富，表征能力也随之发展，解决问题的策略日渐成熟，这些都是词汇的理解和掌握、语法的获得和运用的关键因素。

2. 生活经验的影响

生活是语言的源泉，幼儿在观察周围事物和人们的实际活动中，在丰富知识的同时，语言也得到发展。我们要将幼儿的语言培养，渗透在幼儿的一日生活中，贯穿于各个领域的活动中，以丰富多样的形式，为幼儿提供多元表达的机会，从而进一步提高幼儿的语言表达能力。

二、幼儿语言习得的主要途径

（一）幼儿在生活中学习语言

在幼儿每天的生活中，存在着大量的语言交往和学习的机会。要创造无所不在的语言环境，引导和激发幼儿与他人交流，让他们在宽松而真实的语用情境中获得有效的语言经验。

1. 在幼儿园一日生活中渗透

（1）来园活动中的小话题

每天早晨，来园时间是教师和幼儿个别沟通的最好时机。这个时间，教师可以根据每个幼儿不同的个性和语言发展的特点，进行充分的交流互动。那么，可以聊哪些话题呢？"今天你早饭吃些啥？这件衣服真好看，谁给你买的？你最喜欢这双鞋子的什么地方？让我来猜猜你搭了什么？"

只要是贴近幼儿生活的话题，有亲身经历过的，能观察发现的，幼儿都能比较自然地和成人沟通。同时，我们也可以引导幼儿说一些需求、想法或愿望。比如幼儿到了大班，教师为了增强幼儿的责任意识或任务意识，可以在幼儿来园的时候问："今天你想完成一件什么任务？今天的角色游戏你想去哪个角色游戏区？今天你打算和谁一块完成一个任务？"

（2）生活活动中的指导语

① 介绍操作步骤

比如，在教小班幼儿叠衣服的时候，我们往往采用一些生动形象的儿歌来帮助幼儿记忆。在叠开衫的时候我们可以说："两扇小门关关好，两个小手抱一抱，点点头、弯弯腰，衣服衣服叠好了。"又如，在培养幼儿洗手习惯时，可以用《七步洗手歌》帮助幼儿形象地记住洗手的步骤。

② 介绍使用方法

幼儿带来一个玩具，很多同伴想玩，这时，可以请幼儿边操作，边介绍具体的玩法。这时，教师可以用"先……接着……然后……再……最后……"等连接词串起语句，帮助幼儿完整表述句子。

③ 餐前小广播

在幼儿午餐前，总有一段幼儿的自主游戏和生活活动时间。这时，我们可以利用这段时间请幼儿来讲一讲、说一说。根据幼儿不同的年龄特点，我们可以开展不同的活动，比如，小班的"小小气象台"，讲解"晴天雨天、空气质量"；中班的"餐前小广播"，进行"报菜名、猜原料、谈口味"；大班的"小小讲新闻"，有"一句话新闻、身边的新闻、不同类别的新闻""单人播报、双人播报、场内场外互动""新闻讲述、评论建议"等形式，从不同方面丰富讲述的内容，提高讲述的兴趣，提升讲述的能力。

④ 突发事件中的教育契机

生活中还会有一些小意外发生，这也是我们引发幼儿思考，帮助幼儿表达的良好时机。小汽车不能开了，老师提出了问题："小汽车昨天还好好的，今天不开了，究竟是出了什么故障呢？"幼儿结合自己的经验，纷纷表达自己的想法。有的说："快看看是不是电池没有放？"有的说："是不是开关没有打开？"还有的说："是不是电池没电了？"接着电池没电的话题，有的小朋友说："是不是你的电池装反了？"

幼儿园里，除了有专门的语言领域的学习活动，如学念儿歌、故事欣赏、绘本阅读、看图讲述、谈话活动等，我们更注重在幼儿园一日活动的各个环节中渗透对幼儿语言能力的培养。比如：来园时的打招呼，游戏后的交流分享，运动中的讲解示范，餐前的小广播，睡前小故事，等等。

同时，我们还可以通过家园互动，指导家长在日常的亲子生活中培养和指导幼儿的语言能力。

2. 在亲子互动活动中学习

（1）幼儿园门口——语言习惯的培养

在幼儿园门口，经常可以听到："宝贝，在幼儿园听话哦，好好吃饭、睡觉……"这些都是家长的要求，是一种命令式的告别。而且，家长往往在幼儿转身的瞬间边走边说。每天这样来一遍，换来的是幼儿对要求的麻木，对家长声音的忽略。因此，教师可以建议家长换一种和幼儿告别的方式，比如："宝宝，希望今天能睡一个香香的午觉；希望你能在角色游戏时找到你喜欢的工作；宝贝，你希望今天在幼儿园有什么开心的事情？"这个问题是在前面有很多铺垫的基础上进行的。在幼儿踏进幼儿园之前，由家长提出一个小小的任务也是培养幼儿责任意识的良好途径。可以让家长提供一些日常小任务给幼儿，如：宝贝，你们幼儿园门口怎么有那么多的保安叔叔？保安叔叔和警察叔叔的衣服有什么不一样？让幼儿在生活中学会观察。特别是在大班，观察的能力可以通过家长、教师的一些提问逐步引导提升。在这个过程中，幼儿的观察、比较，思维能力也在不断提升。但要提醒家长的是，在布置任务的时候，请蹲下身子，让幼儿的视线和成人的眼睛在同一水平线上。良好的语言习惯是语言交往获得成功的前提。这些良好的语言习惯其实就是老师、家长在日常生活中点点滴滴、潜移默化地传授给幼儿的。

（2）离园途中——观察后的发现与表达

离园途中，幼儿的心情一般都很愉悦，这时是和他们沟通交流的良好时机。可以请家长在回家的路上，引导孩子观察，激发想象，比如晴天可以聊一聊天上的云朵像什么；细雨天，还可以让幼儿观察一下，人们都是撑伞的吗？为什么有的人没有撑伞呢？

（3）外出活动时——体验后的有感而发

每次外出，幼儿们能体验到丰富的语境，我们可以指导家长随机渗透，幼儿的语用能力便可不断增强。走进迪士尼乐园，看到熙熙攘攘的人群，可以告诉幼儿这叫"人山人海"，体验什么是"摩肩接踵"。运动过后，让幼儿摸摸额头，相互对视，他们会理解什么是"满头大汗"，什么是"满脸通红"。

我们还可以告诉家长，可以利用家里的一些玩具、材料，玩一玩找食物的游戏。让幼儿在游戏中熟悉和了解方位词，提升对空间的感知觉。

总而言之，生活中良好的语言环境无时不在、无处不在。但是它需要我们用心地发现、智慧地引导。更值得一提的是，语言学习离不开倾听，倾听是感知语言的行为表现，是幼儿语言学习不可缺少的能力，也是理解语言的重要途径。只有乐于倾听、善于倾听，才能真正理解语言的内容。倾听，既是一种礼貌，也是良好的学习习惯。

（二）幼儿在游戏中学习语言

在幼儿园，角色游戏、运动游戏、表演游戏以及亲子游戏等都是幼儿学习语言的一个良好的途径。

1. 创设环境，在角色游戏中运用语言

我们经常说，角色游戏其实就是幼儿生活的写照，在角色游戏过程中，幼儿之间的交流非常自然、亲切、顺畅，他们感觉自己就置身于生活情境当中。幼儿日常所看到的、所经历的，在这一过程中都能被模仿和表现出来。

在小班娃娃家里，我们经常可以看见幼儿拍着小娃娃，一边拍一边说："宝宝赶快睡觉哦，起来后妈妈带你到公园去玩。""哎呀呀，哎呀呀，宝宝发烧了，我们赶快带她去医院吧。""今天天气真好，我们去公园好不好。"

　　而到了中班以后，幼儿的生活经验在不断丰富，所以在中班经常会看见幼儿自发动脑筋、想办法，特别是在角色游戏的过程中，开小商店、餐饮店的幼儿很希望自己的商品受到同伴的欢迎，希望他们都来买，有的时候他们会在商场门口画一个小广告，然后在门口叫卖"今天饼干打折了，买一送一，请你们快来买啊"。随着幼儿年龄的增长、生活经历的丰富，他们自己创设的游戏环境也会有更复杂的场景，如：开始玩飞机场、地铁站、邮轮场景的角色游戏。

　　在幼小衔接阶段，我们还会发现，幼儿喜欢学做小老师。我们经常会看见，几名幼儿坐在小椅子上，前面有一名幼儿像模像样地扮着老师的样子。我们会发现，幼儿的语气语调甚至是用词，完全就是我们平时的样子。这样的情况也无时无刻不在提醒着我们，在任何时刻，教师的一言一行都会影响着幼儿、感染着幼儿。因此，教师的语言必须是规范的、丰富的、能够给予幼儿正能量的。

2. 有效整合，在运动游戏中丰富语言

　　在运动过程中，有很多运动指令可以帮助幼儿正确理解游戏的方法或规则。教师利用丰富的词汇形象地解说游戏规则，可以帮助幼儿快速理解运动指令，在增强游戏的趣味性的同时又增加了幼儿的词汇量。

　　游戏"小孩儿小孩儿真好玩"中老师发出指令："小孩儿小孩儿真好玩，摸摸大树跑回来。""小孩儿小孩儿真好玩，摸摸草地跑回来。""小孩儿小孩儿真好玩，摸摸小房子跑回来。"这样的游戏活动，给这些名词加上定语、加上形容词，可能给幼儿的感觉就会不一样。比如把指令变成"小孩儿小孩儿真好玩，摸摸参天大树跑回来""小孩儿小孩儿真好玩，摸摸绿油油的小草跑回来""小孩儿小孩儿真好玩，摸摸造型独特的小房子跑回来"。渐渐地，幼儿就知道，原来大树和大树也是不一样的，那长得很高的可以叫参天大树；草地可以说是绿绿的，也可以说是青青的，还可以说是绿油油的；小房子可以说是矮矮的房子、红红的房子，还可以说是造型独特的房子。渐渐地，这些形容词逐步渗透在了幼儿的语言系统中。这个游戏是教师带班的时候一直和幼儿互动的，家长问教师课堂上教过"参天大树"吗？教师回答："没有刻意教，只是在做游戏时候，我指着树说了参天大树，所以幼儿就记住了。"幼儿在不经意间学会了很多词汇，在散步和郊游时我们会用不一样的词去描述，这样幼儿就会有身临其境的感受。

又比如在运动时幼儿跑得满头大汗，可以让幼儿摸摸背，都是汗；再摸摸额头，也都是汗，在真实体验中了解了"*满脸通红、满头大汗、汗流浃背*"这些词语，以后遇到相同情境就可以准确运用。

3. 操作体验，在表演游戏中理解语言

《幼儿园教育指导纲要（试行）》中指出："幼儿园教育应当充分尊重幼儿作为学习主体的经验和体验，尊重他们身心发展的规律和学习特点，以游戏为基本活动，引导他们在与环境的积极相互作用中得到发展。"幼儿在游戏中的情绪是积极的、愉悦的，把表演游戏贯穿于幼儿园的语言活动中，能更好地激发幼儿的兴趣，提高参与度。

在"鸭妈妈找蛋"活动中教师以鸭妈妈的身份边讲述故事边进行表演，让幼儿在看表演听故事的同时观察鸭妈妈去过哪些地方，遇见了谁，鸭妈妈说了什么，而他们又是怎么回答的。教师通过关键线索的梳理引导幼儿学习和模仿动物们的语气和语句，通过模仿作品中每一个角色的语言和动作，表现他们的性格特征。扮演牛伯伯的幼儿语音低沉、语言憨厚；扮演兔哥哥的幼儿蹦蹦跳跳，体现活泼。表演过程既是对作品的进一步理解和熟悉，也是对作品的新的体验和感受。

对于表演游戏中的场景和道具的创设，可具象可抽象，也可以是幼儿结合经验、需求用其他物品来替代，从而促进幼儿想象力及创造力的发展。在表演游戏的过程中，幼儿学习运用语调、表情、动作去表现角色的形象和情绪，这对发展幼儿的语言表达能力和艺术创造力起着重要作用。

4. 家园共育，在亲子游戏中学习语言

幼儿园的活动离不开家长的支持，教师可指导家长关注幼儿语言的发展，教师可以通过指导家长开展一些简单有趣的语言活动或亲子游戏，通过家长在游戏中与幼儿的有效互动，丰富幼儿语言、增强表达能力。

【游戏——打电话】打电话——转述。让幼儿打个电话给爸爸或妈妈，问一问，今天你回来吃饭吗？大概几点到家？能不能带点什么东西回来？

根据幼儿自身语言表达能力，可以慢慢递进问题数量，增进幼儿和家长之间的亲情，也锻炼了幼儿的记忆力和表达能力。

【游戏——躲猫猫】躲猫猫——方位词。把各种动物玩具分别放在家里不同的位置。然后，让宝宝听指令把动物找出来。小猫在电视机的后面；汽车在茶几的下面；饼干在椅子的上面。全部找到以后，还可以跟宝宝说，刚才它们都跑错了地方，请你把他们"送回家"好吗？一来可以培养宝宝对物品进行分类的能力，二来引导宝宝表达把东西送去哪里了，三来还可以训练幼儿的倾听能力。

这类游戏既有游戏性又可以培养幼儿的表达能力，应在日常生活、游戏中逐渐渗透。

所以，幼儿在游戏中体验到了参与游戏的快乐，教师的引导和支持也提升了幼儿语言表达和艺术创造能力，还能促进幼儿其他领域的发展。

（三）幼儿在多元语境中学习语言

幼儿的语言能力是在不同情境中通过运用发展起来的。良好的语境能引导幼儿通过积极的心理活动来获得知识、形成能力、激发情感，让幼儿有表达的愿望，帮助、促进幼儿完整地表达、有序地表达、充分地表达，最终达成语用能力的提高和进步。所以，作为教师，我们要尽可能地创设多元的、丰富的语境，来促进幼儿语言能力的发展。

1. 利用幼儿感兴趣的话题创设语用情境

首先，就幼儿感兴趣的话题，随机与幼儿进行个别交流，使幼儿有机会锻炼理解、表达和交流等语言运用技能。如，在晨间接待时，教师与幼儿讨论自己穿的新衣服；在幼儿独立阅读后，教师与幼儿讨论图画书中幼儿感兴趣的人物或画面；在积木区，教师与幼儿讨论刚搭建的城堡。

其次，随机使用幼儿刚学到的语言结构，使幼儿有机会在不同情境中理解和运用同一语言形式。如，当幼儿在某一故事中接触过"我喜欢……因为……"的句型后，教师有意识地在进餐时鼓励幼儿说一说自己喜欢吃的食物，如"我喜欢吃鱼，因为吃鱼可以让我长高"等；在幼儿玩游戏时教师鼓励其说一说自己喜欢玩的玩具，如"我喜欢玩搭积木，因为我搭的房子特别好"等，在户外活动结束时，教师鼓励幼儿说一说自己喜欢玩的游戏；定期组织幼儿介绍和讨论大家共同感兴趣的新闻。这些活动既有利于幼儿掌握这一语言结构，也有利于幼儿发展及时交流信息、完整讲述等语言运用能力。

2. 利用幼儿熟悉的自然环境创设语用情境

大自然有很多"小秘密"，教师可利用幼儿熟悉的自然环境，创设相应的语用情境，组织开展多种多样的探究活动。

> 今天大四班同学决定去后操场"引蚂蚁出洞"，每组分别带了饼干、糖果、纸屑等撒在树下、墙角等地，并一动不动地匍匐在一旁等待……
>
> 终于有一组幼儿发出了欢呼，只见一只小蚂蚁过来，紧接着，一群蚂蚁排着队过来了，它们搬动饼干屑，孩子们兴奋地围在一起，或蹲着或趴着，认真仔细地观察并讨论。
>
> 师："蚂蚁那么小，能搬动多大的物体？"
>
> 幼："它好像能搬比他身体大一倍的物品。"
>
> 幼："搬不动的话，会叫另一只来帮忙，你看它们一起把饼干搬回去了。"
>
> 师："它们是怎么传递信息的呢？"
>
> 幼："互相碰一碰头上的触角，告诉朋友那里有好吃的。"
>
> 幼："它们身体可能发出一种气味，朋友会找到。"
>
> 师："它们的家在哪呢？"
>
> 幼："我们跟着它们走吧。"
>
> 找到蚂蚁的第二天，有人带来了和蚂蚁习性、蚂蚁天敌相关的书，在书里面，我们了解到了蚂蚁的种类、蚂蚁喜欢吃甜的、白蚁为什么喜欢吃木头，关于蚂蚁的研究，还在继续……

通过对大自然的观察，幼儿有了与众不同的体验。而在不同季节，他们还会有不一样的发现。比如：春天和秋天时可以带领幼儿捡花瓣和树叶，然后共同将它们抛起，来一场花瓣雨（树叶雨）；带着自己种植的花草或饲养的小动物晒晒太阳；

用手帕蒙住眼睛，听一听风声、鸟声、雨声；雨天穿着雨具去踩水；组织小组寻宝等活动，这些都能激发幼儿对大自然的探索，从中生成感兴趣的话题。

3. 利用幼儿喜欢的故事创设语用情境

幼儿园不仅需要创设让幼儿有机会运用和练习口头语言的环境，还需要让幼儿有机会接触到优秀的文学作品和常见的简单标记、图画书和文字符号。在此过程中，教师创设越宽松的空间氛围、越有趣的空间环境（活动场地、墙面、头饰、电教设备等），越能给幼儿一种直观的感受，让他们置身于一种模拟的实景中，唤起幼儿情感上的共鸣。比如，在教室一角布置一个大舞台，投放服装、话筒等材料，定期开展"故事大王""快乐小演员"等活动，充分给予幼儿表达表现的机会，使其乐于说、敢于做，发自内心地去表达。

4. 利用幼儿熟知的日常活动创设语用情境

幼儿需要掌握的语言经验有很多，因此幼儿园语言领域教育需要组织不同类型的语言活动，教师应有意识地引导幼儿的语言习得发生在真实的情境中，如来园时的"晨间朋友圈""心情玻璃瓶"，又如区角中的"妙趣心情屋"和自然角里的"电子夹"都能让幼儿在不同的时段，借助不同的材料，置身不同的空间，宣泄情感，自主表达。

在幼儿园里，我们也可以利用一些固定的时间段，创设一些富有特色的情境。比如："睡前小故事""离园小提示"以及"餐前小广播"，这些在日常活动各种的"固定"时段，往往也是鼓励和支持幼儿大胆表达、快乐表达的好时机、好情境。

俊俊即将完成新闻播报之际，面对着他的冬冬突然捂着嘴笑了。在老师的询问下，冬冬一边指着俊俊一边呵呵笑"扣错了"。

俊俊看了看衣服，脸"唰"地红了，原来是纽扣扣错了位置。

"呀，小主播遇到了尴尬的事。"老师说，"主播形象很重要哦，以后上场前一定要仔细检查一下哦。"

"老师，我爸爸上次差点把衣服穿反了。"优优突然想到了什么，"后来，妈妈说，还好被我看见，否则要被人家笑死了。"

更多幼儿讲起了自己和家人因为衣装不整遇到的尴尬事。老师说道："看来出门前整理好自己的衣服是一个很好的习惯，这样就不会有……"

"尴尬的事情了！"大家异口同声地回答。

一段来自主播着装的小插曲，让幼儿理解了什么是"尴尬"，唤起了他们记忆中的相似经历，引发了他们交流的欲望，还懂得了着装礼仪的重要性。于是，老师提出了一个建议："我们以后在'小小讲新闻'的时候，是不是可以说说身边的事，比如有趣的事，尴尬的事，激动的事？"

"好！"

幼儿的一段小插曲丰富了"小小讲新闻"的内容，又引发了更多幼儿参与，更丰富了幼儿的词汇，拓展了他们的经验。同时，也充分说明语用情境在语言理解中的重要性。日常活动中渗透语言教育，有利于幼儿在真实运用语言的过程中发展语言运用能力。

因此，作为教师，我们应善于观察和倾听，善于利用和创设丰富多元的语用情境，唤醒幼儿的经验，激发幼儿的兴趣，调动幼儿的思维，帮助幼儿在理解感悟的基础上积极表达，有效表达。

集体教学活动设计

　　集体教学活动是幼儿语言学习的一个重要途径。作为活动的设计者、组织者与指导者,教师更应有目的、有意识地将语言学习融于集体活动中。本模块主要围绕幼儿各类语言经验,联系幼儿语言发展水平,设计组织不同形式的语言活动,激发幼儿语言学习的兴趣,促进幼儿语言能力的发展。

项目一　　叙事性讲述活动

视频 1-1

任务一　说要素（小班）——小动物在干什么

小动物在干什么（片段）

活动设计说明

　　教师在日常与小班幼儿的交流中，发现幼儿通常用一些简单的词或词组与他人沟通，如果没有追问或提示，有些幼儿只说"一半"的话。

　　基于幼儿这样的语言讲述习惯，本活动以讲述"谁在哪里干什么"的句式为主要内容，引导幼儿理解组成一句完整的叙事语句所需的三要素，即人物、地点、事件，从而让幼儿感受叙事的基本结构，并尝试较完整地讲述。

　　在语言能力的发展上，小班幼儿拥有表达的愿望，愿意用简短的话来表达自己的想法。由于小班幼儿具体形象的思维特点，他们的讲述也依赖于行动，需要通过游戏化的操作来帮助讲述。在幼儿游戏的过程中，教师也要注重对他们倾听习惯和规则意识的培养，幼儿在理解游戏玩法的基础上，能边做边说，完成叙事性讲述。

图 1-1-1　三个贴有简单标识的箱子

活动方案

活动目标

1. 借助简单的标识初步感受叙事结构，尝试较完整地讲述。
2. 乐意听、说，能愉快地参与游戏。

活动准备

1. 物质准备：三个贴有简单标识的箱子、小动物图片、场景材料、常见动作图片、自制图书。
2. 经验准备：认识常见的小动物，有观察标识和简单讲述的经验。

活动过程

一、认识标识

提问：这里有三个箱子，看看它们一样吗？哪里不一样？

指导语：箱子上有三个图案，它们的名字分别是"小方块""小小手"和"小人人"，它们呀，都会变魔术。

· 小方块说："我能变出好玩的地方。"
· 小小手说："我能变出好玩的事情。"
· 小人人说："我能变出好多的朋友。"

小结：原来不一样的图案可以变出不一样的东西。

二、标识变变变

1. "小方块"变出好玩的地方

提问：让我们先来看看"小方块"，还记得它

小 贴 士

此环节以"变魔术"的形式吸引幼儿的注意力，引导他们初步理解不同标识代表的不同含义。即"小人人"代表"谁"，"小方块"代表"在哪里"，"小小手"代表"干什么"，以对应目标中的完整句式结构。

的本领吗？它能变出什么？

小结："小方块"变出了花园、草地、小河、大海……（来源于幼儿的回答）

2. 第一次游戏

指导语："小方块"真厉害，变出了这么多好玩的地方。现在请你到喜欢的地方去玩一玩吧！

提问：谁能来说一说，你现在在哪里？（＊我在……）

3. "小小手"变出有趣的事情

指导语："小小手"说它也要变魔术，瞧瞧它变出了哪些有趣的事情？

小结：原来"小小手"可以变出这么多有趣的事情。

4. 第二次游戏

指导语：现在请你选一件有趣的事情，放到你喜欢的地方去。

提问：这回谁能来告诉我，你在哪里干什么？（＊我在……里……）

小结：你们都到这些好玩的地方去做了有趣的事情，现在请你们跟你们的好朋友说一说。

5. "小人人"变出好朋友

提问：你们都到好玩的地方玩过了，现在小动物们也要来和我们一起玩啦！还记得，谁能变出动物朋友吗？

小结："小人人"变出了许多动物朋友。请你们每人找出一位动物朋友吧！

6. 第三次游戏

指导语：这一回，带着你的动物朋友到你前面

小贴士

　　第一次游戏，引导幼儿讲述"我在哪里"的简单句式。

小贴士

　　第二次游戏，引导幼儿将之前的句子补充完整，即讲述"我在哪里干什么"。

玩过的地方去。为你的动物朋友选一个好玩的地方，做一件有趣的事情。

提问：你的动物朋友是谁？它在哪里，干什么？（ *……在……里…… ）

小结：你们真棒！带动物朋友去了好玩的地方，还做了有趣的事情。原来呀，"小人人"能变出好朋友，"小方块"能变出好玩的地方，"小小手"能变出有趣的事情。

三、自制标识书

指导语：老师这里有一本书，只要把你们手里的图片贴在这本书里，就可以说出一句完整好听的话，也把这本书变成了一本有趣的书。等一会，我们一起去贴一贴、看一看、说一说吧！

小 贴 士

第三次游戏，引导幼儿将原先句子中的第一人称"我"替换成第三人称"小动物"，从而将讲述的句式变为"谁在哪里干什么"。

活动反思

Q：为什么设计这样的叙事性讲述活动？

A：在《3—6 岁儿童学习与发展指南》中不仅提出"应为幼儿创设自由、宽松的语言交往环境，让幼儿想说、敢说、喜欢说"，还提到要"引导幼儿体会标识、文字符号的用途"，再结合幼儿当下的叙事性讲述能力，因此设计了这样一个适合小班幼儿的叙事性讲述活动。活动以贴图游戏的方式与幼儿互动，在教师有效引导幼儿仔细观察标识、理解标识的同时，也在过程中形成画面，让幼儿借助标识的变化获得叙事讲述的方法，发展口语叙事性讲述的能力。

Q：活动过程中为何要进行三次游戏？

A：活动的第二个环节中分别进行了三次游戏，第一次游戏是邀请幼儿到不同的地点场景中，说出"我在哪里"的简单句式；第二次游戏是通过抽取"小小手"中的事件图片，再次选择场景，说出"我在哪里干什么"的句式，将之前的句式补充完整；最后一次游戏则是利用"小人人"标识箱里的动物卡片，将原先的第一人称"我"替换成小动物，从而将句式变为"谁在哪里干什么"。这个过程也体现了叙事性讲述的两种形式，即从第一人称"我"的口气，把事件讲给别人听，到以第三人称叙事，讲述"他""她"或"它"的事情。之所以需要三次游戏，主要是基于小班幼儿以自我为中心的思维方式。因此，活动先以幼儿本体为切入点，通过理解"我在哪里干什么"的句式后，再将"我"替换成第三方。可以说，三次游戏是环环相扣、层层递进的。正因有了这样的思考和设计，才能进一步帮助活动目标有效达成，引导幼儿能够较完整地讲述。

上海市杨浦区延吉幼儿园　邹　琼

视频 1-2

小船悠悠
（完整）

任务二　说句式（中班）——小船悠悠

活动设计说明

　　中班幼儿具备一定的讲述经验，能够围绕主题进行简单的讲述，但语言表达缺乏完整性、连贯性，往往需要借助凭借物进行回忆、想象和构思。因此，结合故事《小船悠悠》，围绕中班幼儿的年龄特点，以及他们关于动物外貌特征和生活习性的已有经验，运用"快乐转转筒"游戏为幼儿的讲述搭建支架。不断变化

图 1-1-2　小船悠悠

的转筒，既为幼儿提供了讲述的句式结构，又提示了讲述的基本内容，幼儿可以根据转筒上的图片展开想象，并尝试在集体面前完整、有序地讲述。

活动方案

活动目标

1.观察图片，尝试围绕句式的基本元素完整讲述小动物给海龟爷爷过生日的主要片段。

2.乐于参与讲述活动，能较大胆地在集体面前表达自己的想法。

活动准备

1.物质准备：PPT课件、自制转转筒、转筒架。

2.经验准备：认识常见的小动物，有关于船的认知经验。

活动过程

一、引出游戏，了解游戏内容

1.介绍今天的游戏名称

指导语：今天来和大家玩一个游戏，名叫"快乐转转筒"。先来认识一下转筒里的朋友们。

2.认识第一个转筒里的小动物

提问：蓝色转筒里装着什么呢？

3.认识第二个转筒里的不同小船

提问：红色转筒里又会是什么呢？每艘船都一样吗？它们像什么？一起来看看！你看到了什么船？

4.介绍游戏规则

提问：转转筒，转呀转。你说停，它就停。这时

小贴士

介绍"快乐转转筒"游戏，引导幼儿讲述单个"转转筒"中的内容。

根据幼儿的讲述，通过追问或补充，丰富幼儿对"转筒"中内容的描述。

我们就要说一句好听的话，"转筒里面有什么？"这句话里，既要有小动物，又要有小船。游戏会玩了吗？

二、观察图片，进一步表述画面内容

1. 游戏升级，加入"礼物"元素，进一步表述

提问：那么多小动物乘着船，要去干什么呢？

指导语：原来，今天是海龟爷爷的生日，小动物们坐着各式各样的小船去给海龟爷爷过生日。参加生日会，还需要准备什么呢？

提问：瞧，又多了一只转筒，它会转出哪些有意思的礼物呢？

指导语：礼物都藏在了我给你们每个人准备的转筒里。请你们去转一转，看一看，再说一说，把三个转筒的内容编成一个小故事。

2. 分享各自的游戏成果

提问：和大家一起分享你的小故事吧。还有谁也转出了xxx？你的 xxx 坐了什么船？拿着什么东西呢？还有哪个小动物也坐 xxx 船？快来和我们说一说。

三、完整欣赏故事《小船悠悠》

1. 讲述故事

指导语：海龟爷爷的生日会热闹极了，小动物们都赶来给海龟爷爷过生日。小花猫戴着围巾乘着xxx 船去给海龟爷爷过生日，它听到海龟爷爷对它说：……。小猴子……

2. 延伸

指导语：孩子们，这个故事会越来越长、越来越有趣，你们可以把自己在"快乐转转筒"中看到的内容补充进去，讲给更多的朋友听。

小贴士

通过创设给海龟爷爷过生日的情境，激发幼儿主动讲述的兴趣。

活动反思

Q：活动中如何搭建支架帮助幼儿完整、有序地讲述？

A：在活动中，教师提供了包含小动物、小船、礼物三个内容的"转筒"，通过前两个活动环节熟悉"快乐转转筒"游戏的内容和规则，之后在"给海龟爷爷过生日"的游戏情境中，让幼儿转转玩玩，讲述不同小动物坐船送礼物的故事情节。依托于教师提供的这一材料，幼儿边操作边讲述，体验讲述活动的乐趣。"转转筒"不仅能激发幼儿讲述的兴趣，还能作为幼儿讲述内容的情节线索，为幼儿构架讲述的内容与顺序，帮助他们完整、有序地讲述。

Q：讲述活动中的支持性策略有哪些？

A：在讲述活动中，教师可以运用口头语言、肢体语言、图示符号、操作材料、情境表演等作为支持手段，激发幼儿的讲述兴趣，为幼儿构建讲述的框架，梳理讲述的内容和顺序等。一般来说口头语言、肢体语言的运用可以贯穿在整个活动过程中，而图示符号、操作材料、情境表演等是为情节展开服务的，可以在幼儿讲述故事时应用。

在选择和运用诸多支持手段时，教师应注意：

① 适宜性原则。要结合讲述内容以及活动的进程合理设计与运用。

② 可塑性原则。不可设定成唯一的讲述方式或讲述内容，而应具有开放性，让幼儿能根据自己的想法进行个性化表达。

③ 发展性原则。应根据活动的需要与幼儿的发展现状适时调整，例如，当幼儿的看图讲述能力较之前有所提高时，操作材料的数量、使用次数即可相对减少，逐步为幼儿创造思考与讲述的空间。

上海市杨浦区延吉幼儿园　胡谦茹　朱凯宇

任务三　说词汇（大班）——一只袜子

活动设计说明

《3—6岁儿童学习与发展指南》中指出：幼儿的语言能力是在交流和运用的过程中发展起来的。在语言讲述的经验上，5—6岁的幼儿一般可以叙述一个较长和完整的故事，并运用较丰富的词句描述一些细节，让讲述更生动。

《一只袜子》是上海市一期课改教师指导用书中的看图讲述活动材料，虽然只有4幅挂图，但每幅图中都蕴含着丰富的故事情节。故事中主人公丢三落四的情况也是幼儿在幼儿园一日生活中时常发生的。能在联系生活经验进行事件讲述和细节描述的同时，懂得养成良好生活习惯的重要性，是大班幼儿在幼小衔接准备中必不可少的内容。

图1-1-3　《一只袜子》故事主人公

活动方案

活动目标

1.能仔细观察图片，尝试用较丰富的词语讲述图片内容。

2.懂得要有良好的生活习惯。

活动准备

1.物质准备：图片、PPT、提示图标。

2.经验准备：有讲述多幅图片及关联事件的经验。

活动过程

一、图片导入，引发幼儿对故事情节的兴趣

游戏"找不同"

提问：你喜欢过去的小明还是现在的小明？为什么？

小结：原来我们都喜欢做事井井有条的孩子。

二、仔细观察图片，尝试完整讲述

指导语：小明怎么会有那么大的变化呢？这里面有个故事，我们一起来看看。

1.观察画面，引发猜想

提问：故事发生在什么时候？有谁？小明在干什么？

小结：原来是小明在找袜子。

2.出示图片二

提问：小明是怎么找袜子的？

仔细看他的动作，他可能会说些什么？想些什么？

小结：你们观察得真仔细，不仅看清楚小明找袜子的动作，还猜到了他可能会说的话，真棒！

3.出示图片三

提问：小明的袜子最后找到了吗？怎么找到的？

如果你是姐姐，你会对小明说些什么？

请幼儿尝试根据图片里的情节表演。

小贴士

通过先让幼儿观察第一幅图和最后一幅图中小明巨大的变化，激发幼儿对故事情节的兴趣。

小贴士

通过仔细观察小明的动作，尝试用"上上下下""里里外外""翻箱倒柜""东翻西倒"等词语。

小贴士

鼓励幼儿大胆想象"姐姐"会说些什么，并尝试角色扮演。

小结：在姐姐的帮助下，小明终于知道了只有每天养成整理的好习惯，才会让学习和生活更有序、更快乐。

三、合作讲述

1.给故事取名字

提问：这个好听的故事还没有名字呢，谁来给它起个名字？

2.幼儿分工合作，将故事完整讲述

小贴士

幼儿可4人一组，根据图片顺序自由商讨如何合作将故事讲完整。

活动反思

Q：叙事性讲述活动中，如何发挥图片的作用，调动幼儿讲述的积极性、主动性？

A：学龄前幼儿的注意是以无意为主，易被新鲜、多变的刺激所吸引，因此在这节叙事性讲述活动中，通过适当调整图片顺序，以游戏的方式让幼儿直接观察第一幅图片和最后一幅图片的不同，引发他们的猜想以及对故事情节的兴趣。此外，角色扮演也进一步激发了幼儿讲述的积极性。而最后的合作讲述环节，既锻炼幼儿交流协商的能力，同时也注重了幼儿间的个体差异，语言能力较弱的幼儿可以在能力较强的幼儿带领下，慢慢锻炼叙事讲述的能力，从而使每位幼儿的讲述能力都能在原有水平上得以提高。

上海市杨浦区早期教育指导中心　唐春霞

项目二　儿童文学活动（儿歌）

视频 1-3

任务一　感知儿歌韵律（小班）——小老鼠搬鸡蛋

小老鼠搬鸡蛋（片段）

活动设计说明

小班幼儿喜欢聆听朗朗上口的儿歌、诗歌、童谣，通过聆听的方式，形成对词序排列的初步印象，并乐意模仿或学说其中生动有趣的语句。《小老鼠搬鸡蛋》这一素材中，主角小老鼠贴合幼儿兴趣，且内容浅显、篇幅简短、语言生动活泼，是极其适合小班幼儿感知的文学作品。经过小班上学期的培养，幼儿已经初步积累了观察简单图片以及愿意简单表达的经验。借助这一素材，教师鼓励小班幼儿在观察图片内容的过程中，尝试用表情、语言、动作等方式表达自己对文学作品的理解，通过寻找图片之间的关联，形成对文学作品的完整理解。

图 1-2-1　小老鼠找到一个鸡蛋

活动方案

活动目标

1. 学会观察图片，并用语言、动作表现小老鼠搬鸡蛋的情节。

2. 初步感受儿歌的韵律和有趣，体验帮小老鼠搬鸡蛋的快乐。

活动准备

1. 物质准备：小老鼠搬鸡蛋的图片。

2. 经验准备：有观察简单图片及表达的经验。

活动过程

一、猜猜讲讲，引发关注

指导语：今天来了一个动物朋友，想认识它吗？它只让我们看它身体的一部分。（依次出示小老鼠图片：局部图灰色皮毛—耳朵—尾巴/尖尖嘴—全部）

提问：这是什么颜色？什么动物是灰色皮毛的？

过渡语：到底是不是小老鼠呢？我们一起来看一看！你们猜对啦，我们和小老鼠打打招呼！真是有礼貌的好孩子。

二、说说做做，观察理解图片内容

1. 个别观察图片

指导语：晚上到了，小老鼠起床了，它做了些什么事情呢？老师在后面的桌子上放了五张图片，

小贴士

为了更好地衔接下一环节，将导入环节设计为看局部猜测主角，这样能为幼儿后续环节中仔细观察图片做铺垫。

请你去看一看，记住，要看看小老鼠脸上的表情和它的动作，猜猜它在干什么。

2.集体观察分享

提问：小老鼠在干什么？你看到小老鼠还做了什么事情？从哪里看出来的？这个图案表示什么？

指导语：小老鼠还做了什么事情？请你做做动作，让其他小朋友来猜猜看。

提问：这个动作是在干什么？他做的是哪张图片上的动作？

小结：小老鼠，肚子饿，出门去，找吃的，东瞧瞧，西看看，找到一个大鸡蛋，想个办法搬回家。

3.做做猜猜

指导语：做个动作猜一猜很有趣哦，老师也来试一试，我来做小老鼠做的动作，你们来猜一猜，记住，要仔细看我做的动作。

（1）请一个小朋友来做，其他小朋友来猜。

（2）老师来说，大家来做动作。

4.为图片排排队

指导语：小老鼠做了那么多的事情，它先做什么然后做什么呢？我们来听一听好听的儿歌！

播放儿歌：

小老鼠，肚子饿，

出门去，找吃的，

东瞧瞧，西看看，

找到一个大鸡蛋，

想个办法搬回家。

提问：现在，要请你们把图片排排队。想一想，

> **小贴士**
>
> 个别观察图片时，因为有五张图，所以教师要注意留给幼儿充足的观察时间。

> **小贴士**
>
> 集体观察分享环节是希望幼儿能够观察图片，充分表达图片内容。因为图片数量较多，所以采取了五种形式，使得活动环节有趣不乏味，能促使幼儿保持专注。注意：每张图片分享完教师都要用相对应的、规范的儿歌进行小结。

小老鼠先做什么，然后做了什么？哪张图片放在第一个？

（再念一遍儿歌）

小结：小老鼠做事情都是有顺序的，分清楚先后就能变成一首完整的儿歌了。

三、想想办法

提问：最后老师想请你们帮小老鼠一起想想办法，怎么把这只大鸡蛋搬回家呢？

小结：可以抬，可以拉，还可以扛，你们想了那么多好办法，我们一起回教室告诉好朋友吧。

小贴士

设计"为图片排排队"的环节是为了鼓励幼儿在理解画面内容后寻找图片之间的逻辑关系，尝试用自己的话将儿歌合理化。需要注意的是，幼儿的排序可能与原儿歌不同，但只要言之有理，都应给予支持与肯定。

活动反思

Q：在组织儿童文学活动时，应注意哪些要点？

A：第一，激发幼儿对儿童文学作品的兴趣。第二，合理引导幼儿理解儿童文学作品。第三，注重幼儿感受，引发经验、情感共鸣。第四，给予幼儿想象和表达的空间。以此活动为例，儿歌《小老鼠搬鸡蛋》简单易学，但在活动的整个过程中并未出现任何学说儿歌的环节，而是通过观察图片—描述图片—表演图片—图片排序来激发兴趣、搭建阶梯。一张图片对应儿歌中的一句语句，幼儿依据图片充分理解及表达儿歌内容，教师则顺应幼儿的表达，用儿歌中规范的语句对图片进行梳理小结，让幼儿充分感知儿歌朗朗上口如有韵律的特征。图片排序环节是幼儿自主表达的重要步骤，无论幼儿如何排序，只要言之有理，教师都应给予支持，鼓励幼儿想象与讲述。

上海市杨浦区延吉幼儿园　周　妍

任务二　认识儿歌句式（中班）——榨汁机

活动设计说明

在《3—6 岁儿童学习与发展指南》和《上海市幼儿园办园质量评价指南（试行稿）》中都提到了"能使用较完整、连贯的语言进行讲述"是幼儿语言发展的重要目标。

中班幼儿已能清晰地谈话，词汇开始丰富，喜欢与家人及同伴交谈。在主题活动"好吃的食物"开展过程中，幼儿对水果非常感兴趣，常常会围绕午餐后的水果展开交流。基于幼儿对水果的喜爱，在已有观察和品尝的经验下，生成了"榨汁机"这个语言活动，将音韵流畅、节奏欢快的儿歌与榨果汁的游戏情境相结合，凸显童趣、乐趣、生活情趣，让幼儿在边玩边说的过程中激发表达愿望，练习并获得语言经验。

图 1-2-2　榨汁机

活动方案

活动目标

　　1. 在榨果汁的情境中了解儿歌的句式，并学念儿歌。

　　2. 能倾听指令，体验集体游戏的乐趣。

活动准备

1.物质准备：儿歌图片、水果图片若干、水果贴纸、榨汁机展板、自制榨汁机（纱巾、呼啦圈）、画架。

2.经验准备：幼儿能准确说出各类水果的名称；班级中开展过以水果为话题的日常交流、谈话活动等。

活动过程

一、看一看，说一说

提问：孩子们，老师带来了四张图，谁来说说你看到了什么。

小结：水果宝宝真调皮，跳进一个榨汁机。转转转，转转转，转出一杯水果汁。

二、玩一玩，念一念

1.榨汁机，转起来

指导语：我们用这首好听的儿歌玩榨果汁游戏吧！（播放音频）认真看仔细听，怎么玩？有声音、有动作。

提问：你们都成功榨出果汁了吗？谁来说一说自己榨的是什么果汁？

小结：原来，同样的颜色还可以是不同的水果。

2.听指令，动起来

指导语：听我来介绍，接下去老师来选一种水果（展示图片），请对应颜色的榨汁机念出儿歌，榨出果汁。注意，不是所有的榨汁机都要工作哦。

提问：为什么选一种水果，两个颜色的榨汁机都转动了呀？

小结：原来，有些水果的果皮和果肉的颜色是

> **小贴士**
>
> 此环节为导入环节，以四幅儿歌图示作为切入点，在幼儿看图讲述的过程中，理解儿歌内容。

> **小贴士**
>
> 让幼儿在多轮游戏操作和亲身体验中理解儿歌内容，并完整念出儿歌。

不一样的，同一种水果，也能榨出不同颜色的果汁。

3. 选水果，编起来

指导语：今天还有好多水果宝宝一起来咯，请你们选一种自己喜欢的水果，把它的贴纸贴在身上，然后找到榨汁机朋友，再来念一念儿歌，榨一榨果汁。

提问：你是什么水果宝宝？你榨出了什么果汁？

小结：我们可以把水果的名称和果汁的颜色、味道放进儿歌里，变成一首自己的水果儿歌。

三、玩一玩，编一编

指导语：看，墙上也有一台榨汁机，还有很多的水果和果汁，它们可以怎么玩呢？等今天的活动结束，我们一起去区角里玩一玩，说一说。

小贴士

将区角游戏作为延伸，通过互动性墙面延续幼儿对游戏的热情，在理解儿歌内容的基础上，鼓励幼儿进行仿编。

活动反思

Q：为什么在一节儿童文学活动中将游戏作为主要环节？

A：在活动过程中，进行多次的听儿歌找水果游戏，这是因为幼儿具有直觉形象的思维特点，他们的交流和表达依赖于行动，需要通过游戏化的操作来引发。因此，结合幼儿的年龄特点、思维方式以及表达形式，本次活动以游戏的形式贯穿始终。从初识游戏到尝试游戏，再到通过游戏揭秘，层层递进，在引起兴趣、提高参与度的同时，提升活动整体的趣味性。幼儿通过与教具的互动、与老师同伴的交流，联系自身已有的生活和语言经验，进而理解并学念整首儿歌。游戏中通过儿歌语音语调的变化，对指令中的重点内容进行强调，也能够引起幼儿对游戏指令的关注和倾听，并逐渐向后续仿编过渡。

上海市杨浦区延吉幼儿园　冯　敏

任务三　尝试儿歌吟诵（中班）——小小雨点

活动设计说明

　　《幼儿园教育指导纲要（试行）》指出："引导幼儿接触优秀的儿童文学作品，使之感受语言的丰富和优美，并通过多种活动帮助幼儿加深对作品的体验和理解。"随着中班主题活动"水真有用"的开展，幼儿对"水"有了一定的认知，而《小小雨点》是一首优美的儿童诗，生动形象地描述了小雨点落在花园里、池塘里、田野里的情形，能够激发幼儿对大自然的热爱。

　　随着年龄和语言的发展，中班幼儿已经能够根据图片讲述内容，且从最初的喜欢聆听儿歌逐渐过渡到愿意大声朗读儿歌。因此，此次儿童文学活动"小小雨点"让幼儿通过理解图片内容记忆儿歌，并配合音乐节奏吟唱儿歌，从而充分感受儿歌中所表现的大自然的美，感受文学作品中的文字及韵律之美。

图 1-2-3　小小雨点

活动方案

活动目标

1.在观察倾听中理解儿歌内容，愿意大声、完整地朗诵儿歌。

2.感受儿歌中的景象，萌发热爱大自然的美好情感。

活动准备

1.物质准备：儿歌音频、PPT、与儿歌内容相符合的图片、各类下雨场景图片、黑板。

2.经验准备：能根据图片描述画面内容，有认识雨水和周边事物的相关经验。

活动过程

一、谈话活动，激发兴趣

提问：小朋友们，你们喜欢下雨天吗？说一说为什么？

小结：你们说得都很好，今天我们来一起学习一首和雨有关的儿歌，名字就叫作《小小雨点》。

二、播放音频，理解儿歌

过渡语：我们先来听一听这首好听的儿歌。（播放音频）

提问：你们听到儿歌里小雨点落下来发出怎样的声音？你们听到小雨点都落到了哪些地方？

小结：小朋友们听得真仔细，那小雨点落在这些地方发生了什么美好的事情，我们一起来看一看、说一说。

三、根据图片，吟诵儿歌

过渡语：你们看小雨点落在了花园里、池塘里和田野里。（教师边说边翻开准备好的图片）

看第二幅图，请小朋友说一说小雨点落在池塘里，谁怎么样了？

看第三幅图，说一说小雨点落在了哪里？发生了什么事？

小结：我们小朋友真厉害，一下子就把儿歌里的事情都说清楚了，下面我们一起来跟着音乐唱一唱这首好听的儿歌。（播放音乐）

四、延伸活动

提问：我们一起来想一想，小雨点还会落在哪里？会发生什么事情？用这首儿歌里的词改一改，唱一唱。

小结：小朋友们的想象力真丰富，我们也可以把自己想到的画下来，放在我们的语言区，自由活动的时候一起和好朋友说一说、唱一唱。

附：儿歌《小小雨点》

小小雨点小小雨点，沙沙沙沙沙，
落在花园里，花儿乐得张嘴巴。
小小雨点小小雨点，沙沙沙沙沙，
落在鱼池里，鱼儿乐得摇尾巴。
小小雨点小小雨点，沙沙沙沙沙，
落在田野里，苗儿乐得笑哈哈。

> **小贴士**
>
> 对图片的提问，教师可以采用递进的方式，让幼儿回答得越来越完整。

活动反思

Q：儿童文学活动设计和组织的要点是什么？

A：此次儿童文学活动的重点落在了幼儿的迁移经验上。文学作品向幼儿展现的是建立在生活经验基础上的间接经验，这类经验既使幼儿感到熟悉，又让他们感到新奇有趣，所以仅仅让幼儿的学习停留在理解这些间接经验的基础上是不够的，由于这不能充分地将这些间接经验与幼儿的直接经验联系起来，因此，我们需要进一步组织与作品重点内容相关的活动。在这个活动中，通过倾听儿歌和观察对应儿歌内容的图片，帮助幼儿将文学作品内容和雨天的生活经验相串联，结合幼儿已有的儿歌经验鼓励其大声吟诵，使幼儿的直接经验与文学作品的间接经验实现双向的迁移。

上海市杨浦区延吉幼儿园　陈旭婕

视频 1-5

夸中国
（片段）

任务四　仿编儿歌内容（大班）——夸中国

活动设计说明

《上海市幼儿园办园质量评价指南（试行稿）》中，在"自我与社会性"领域中的"社会适应"子领域中指出："（幼儿）要知道自己的民族，知道国家取得的重大成就，为自己是中国人感到自豪。"

图 1-2-4　夸中国

随着"我是中国人"主题活动的开展，大班幼儿对升国旗、唱国歌多了一份崇敬和热爱，并开始对自己"中国人"的身份萌生了骄傲感和自豪感。于是，教师设计了"自豪中国"系列活动，本活动便是系列活动的"尾声"部分。

活动选用了很多题卡，其中大部分内容是幼儿在前期活动中曾经了解过或搜集过的"自豪中国"的相关照片或实物。因此，在开展活动前，首先，要让幼儿对中国的风土人情、民俗文化、地域特征等有一定的了解。最长的城墙是什么？最高的山峰是什么？最大的宫殿是什么……诸如此类的前期经验是必不可少的。其次，幼儿要对儿歌这一文学体裁有初步的了解，能掌握儿歌的一些固定句式和朗诵方法，对仿编儿歌有一定的经验，这样才能在整个集体学习活动中，逐渐从了解句式到仿编儿歌，继而能够带着感情朗诵儿歌。

活动方案

活动目标

1. 能结合已有的主题经验，在理解的基础上仿编儿歌。
2. 在参与歌谣游戏的过程中进一步萌发爱祖国的情感。

活动准备

1. 物质准备：PPT、图片、记分牌。
2. 经验准备：有关于祖国的重大成就、文化、艺术等方面的认知经验，知道儿歌的语言具有一定的节奏和韵律。

活动流程

一、活动导入，激发兴趣

指导语：今天，欢迎孩子们和我一起走进"我们的歌谣"活动。首先让

我们来玩一个"看图片念儿歌"的游戏。（出示PPT）

指导语：孩子们，你们真厉害，会念这么多儿歌！那今天，我们要来玩点不一样的。

二、第一轮游戏——听儿歌，选图片

1.介绍第一轮游戏"听儿歌，选图片"的玩法

指导语：请打开你们的题卡，给你们一点时间，先看一看这些图片，熟悉图片的内容。

过渡语：看完了吗？我们要和朋友们一起来分享了，在分享之前我有一个小小的要求：当别人在说话时请你让卡片保持安静，认真倾听，大班的孩子行不行？

提问：说说你看到了哪些图片？这些图片都是关于什么的？

2.玩游戏

指导语：听儿歌。

中国中国真伟大，我们也来夸一夸；

长江黄河养育我，唐诗宋词陪伴我；

中国中国我……爱……你……

指导语：我这里缺少了哪两张图片？请你找一找。（只重复：长江黄河养育我，唐诗宋词陪伴我）找到图片请放在前面的卡槽里，选好了吗？选好了图片就不能更换了。

唐诗宋词陪伴我

提问：你们为哪句儿歌找到了图片？

　　　你们会念唐诗吗？我也会念，你们听。

　　　这些唐诗都是谁教你们的呀？

找对图片的小组请加一分。（操作展板、计分）

小结：你们会念这么多唐诗，都是爸爸妈妈、哥哥姐姐、爷爷奶奶教的，所以说唐诗宋词陪伴了我们一代又一代的中国人。

长江黄河养育我

指导语：你们还为哪句儿歌找到了图片？

还有哪个小组也找到这句儿歌的图片？看看它们一样吗？

提问：那你们知道养育是什么意思吗？

指导语：接着请大家看一段视频，看看长江黄河是如何养育我们的？

小结：长江黄河不仅是我们中国一道靓丽的自然风景，还为我们提供了源源不断的水资源、丰富的水产品，她们还助力发电，带给我们光明，所以，长江黄河就像母亲一样，养育了我们每个中国人。（配视频）

指导语：看了刚才的视频，你能不能用你的理解，换一种方法来夸一夸长江黄河，长江黄河怎么样？

三、第二轮游戏——选图片，编儿歌

1.了解第二轮游戏的内容和要求（选图片、编儿歌）

2."闯关"创编儿歌

（1）第一关：同一张图片，编不一样的儿歌句子

指导语：第一关我们选用同一张图片，每组编出不一样的儿歌，请大家试一试。

提问：你们小组创编的儿歌句子和别的小组有什么不一样（哪里不一样）？

（2）第二关：任选一张图片，编一句儿歌

指导语：第二关请每组挑选一张图片，编一句儿歌。（要和好朋友一起商量）

提问：你在他编的儿歌里听到了什么？试着一起说一说。

小结：我们的比赛暂告一个段落，看看场上的比分，恭喜你们都取得了好成绩。

（3）第三关：完整演绎儿歌

指导语：接下来老师把这个舞台让给你们，请你们把刚才创编的内容加

进儿歌里，完整地为我们表演一下。

小结：孩子们，刚才我们都用自己的语言夸奖中国、赞美中国。是啊，我们中国有着秀丽的山河、丰富的资源、优秀的文化。我们中国人有着勤劳勇敢、敢于拼搏的精神，我们要为自己是中国人感到无比骄傲和自豪。

四、延伸活动

幼儿创设表演区，在个别化学习活动里继续进行儿歌创编表演。

小贴士

本环节由三次游戏组成，从自由选择编儿歌句子到命题编儿歌句子再到组合式编儿歌，难度逐步递进。同时，大量图片的呈现让幼儿进一步感受祖国的强大和美好，进一步萌发作为中国人的自豪感！

活动反思

Q：学习童谣对于幼儿发展有何价值？

A：童谣在中国传统文学中占有浓墨重彩的一笔，其句式的对仗、押韵，朗诵时的节奏、情感代入等是中国独有的文化印记。童谣，在一定程度上代表着中国文化的传承。通过各类活动让幼儿走进童谣、体验童谣，有助于幼儿建构认知经验，积累文学语汇，提高对不同文学样式的敏感性。同时，借助童谣的学习，能弘扬传统文化，让幼儿感受到中国文学艺术的魅力。

Q：怎样在传统的儿童文学活动中持续激发幼儿的学习兴趣？

A：首先要"引"，带着幼儿感受中国文学之美，体会古人咬文嚼字的乐趣。其次要"放"，让幼儿在仿编、创编、演绎的过程中充分体验，感受传统文学的魅力和感染力。最后要"评"，通过鼓励、肯定、支持、赞赏营造出良好的学习氛围，激励幼儿保持对传统文学学习的兴趣，继而养成良好的学习品质。

上海市杨浦区延吉幼儿园　胡谦茹

项目三　儿童文学活动（故事）

视频 1-6

任务一　认知理解（小班）——小鸡和小鸭

小鸡和小鸭（完整）

活动设计说明

随着主题活动"学本领"的开展，幼儿对于小动物们各自的本领有了一些了解。主题中的《小鸡和小鸭》这个故事，传达的是同伴间的友爱，充满了温情。通过故事情境，小班幼儿能将发生在小鸡和小鸭身上的事情迁移到自己的身上，引发内心情感的共鸣，更好地体验与老师及同伴一起活动、相互帮助带来的愉快感受。

小鸡和小鸭是幼儿很喜欢也较为熟悉的小动物。小班幼儿对于小鸡和小鸭的主要特征和生活习性已经有了基本的了解，这些知识经验和生活经验的积累对于小班幼儿理解故事《小鸡和小鸭》中的主要角色、故事情节提供了很大的帮助，也能让小班幼儿更好地感受同伴间的友爱。

图 1-3-1　小鸡和小鸭

活动方案

活动目标

1. 仔细观察画面，乐意用语言表达小鸡和小鸭互相帮助的故事情节。

2. 在故事情境中，感受同伴间的友爱。

活动准备

1. 物质准备：故事 PPT、班级里幼儿一起活动的照片。

2. 经验准备：对小鸡和小鸭的主要特征和生活习性有基本的认知经验。

活动过程

一、认识小鸡和小鸭

提问：今天来了一对好朋友，你们认识吗？

　　　谁是小鸡？谁是小鸭？

小结：小鸡嘴巴尖又尖，吃起小虫真方便！小鸭脚掌扁又扁，水里游泳真快乐！小鸡和小鸭是一对好朋友，它们经常一起玩儿。

二、引导幼儿讲述画面内容

1. 出示画面一

过渡语：今天天气真好，小鸡和小鸭手拉手一起出去玩。小鸡叽叽叽，小鸭嘎嘎嘎，走走走，来到了草地上。

提问：草地上有什么？（绿绿的草地上有许多小虫子）

　　　小鸡在干吗？它是怎么吃虫子的？（尖

> **小贴士**
>
> 此处小结帮助幼儿梳理小鸡和小鸭的主要特征，为后面故事的发展做了铺垫。

尖的嘴巴捉小虫）

指导语：我们也来学学小鸡，变出一张尖尖的小嘴巴。小鸡跟着鸡妈妈一起去捉小虫吃吧！（小鸡们吃饱了赶快回家咯）

提问：咦，小鸭呢？它怎么了？为什么哭呢？

小结：小鸭的嘴巴扁扁的，捉不到小虫子，着急地哭了。

提问："小鸡小鸡，我也想吃虫子，你快来帮帮我。"小鸭伤心得哭了，小鸡会怎么做呢？谁来扮演小鸡，对小鸭说一说你的好办法。（幼儿练习对话："小鸭小鸭你别哭，我来捉虫给你吃。"）

小结："谢谢你，小鸡！"有了好朋友的帮助，小鸭和小鸡一起开心地在草地上吃小虫子，高兴极了。

2. 出示画面二

过渡语：肚子吃饱饱啦，两个好朋友继续手拉手往前走。小鸡叽叽叽，小鸭嘎嘎嘎，走走走，来到了小河边。

3. 出示画面三

提问：发生了什么事？谁在游泳？小鸡为什么哭？（小鸭小鸭，我也想过河，快来帮帮我）好朋友遇到了困难，小鸭会怎么做？

过渡语：小朋友想了这么多帮助朋友的好办法，如果能做你们的朋友真是件幸福的事情。那么，小鸭子是怎么帮助朋友的呢？我们一起来看一看。

4. 出示画面四

提问：小鸭子是怎么帮助小鸡的？

指导语：在河边的小鸡不会游泳，小鸭说："小

小贴士

此处设计幼儿练习对话既能感受小鸡帮助小鸭后小鸭的快乐，又为下一个环节小鸭怎么帮助小鸡做了铺垫。

鸡小鸡别着急，我来背你过河。"

小结：和朋友一起玩儿，互相帮助是一件多么快乐的事情！

5.出示画面五

提问：还记得故事里小鸡和小鸭发生了什么事吗？

小结：小鸭不会捉小虫，小鸡捉虫给小鸭吃；小鸡不会游泳，小鸭背着小鸡过河。好朋友们在一起，遇到困难互相帮助是一件多么开心的事情呀！

三、想想幼儿园里的朋友

提问：你们有好朋友吗？和朋友在一起有哪些快乐的事情？

（出示幼儿一起活动的图片）这是谁呀？你们在干什么？

小结：孩子们，我们在幼儿园里有许多好朋友，我们每天和好朋友一起玩，真开心！你们肯定还有许多开心的事情，我们等会儿回到教室就和朋友去分享吧。

小贴士

此处的提问能帮助幼儿回忆故事中的主要情节。

小贴士

此处的小结为后面幼儿从小鸡和小鸭的友谊迁移到自己跟好朋友之间的友情上做了铺垫。

活动反思

Q：如何组织小班幼儿文学故事活动？

A：以本活动为例，幼儿由于有了前期对于小鸡和小鸭的主要特征和生活习性的了解，因此在活动中能比较容易理解小鸡和小鸭之间相互帮助解决困难的故事情节。活动过程中，根据小班幼儿爱模仿的年龄特点，教师利用开放性的提问和简单易表达的对话，帮助幼儿充分感受故事中小鸡和小鸭的友谊，从而引发幼儿自身的生活经验，感受和幼儿园同伴之间的友爱。

上海市杨浦区延吉幼儿园　朱玉娟　虞　菁

视频 1-7

谁的
救生圈
（片段）

任务二　模仿讲述（小班）——谁的救生圈

活动设计说明

　　小班阶段是幼儿语言发展的飞跃期，他们的词汇量增加很快，能用简单的语言表达自己的感受和需要。这时的幼儿特别爱听故事，喜欢一边听一边模仿故事中小动物的叫声或角色的简短对话。

　　故事《谁的救生圈》选自小班主题活动"夏天真热啊"，内容生动有趣，角色对话简短且有固定句式，便于幼儿模仿。教师结合季节特征，立足幼儿的已有经验，通过角色扮演、材料操作、游戏体验等方式，让幼儿在情境中初步理解故事的情节发展过程，学说角色语言。

图 1-3-2　谁的救生圈

活动方案

活动目标

1.初步理解故事内容，尝试用较完整的语言模仿故事中的角色对话。

2.乐于参与集体活动，体验模仿的乐趣。

活动准备

1.物质准备：PPT，救生圈实物，动物卡片，小河、树、小房子的情境创设，小猪、小兔、青蛙等充气不倒翁。

2.经验准备：认识救生圈、了解救生圈的用途、熟悉一些常见的小动物。

活动过程

一、说一说小动物的家

提问：说一说它是谁？

它的家在哪里？

小结：有的小动物住在水里，有的小动物住在岸上。

二、找找救生圈的主人

指导语：这是什么？会是谁丢的救生圈？我们去找一找。

1.第一个小动物

提问：小鳄鱼，小鳄鱼，这是你的救生圈吗？

你们觉得这是小鳄鱼的救生圈吗？听一听，小鳄鱼是怎么说的？

小结：原来小鳄鱼会游泳，不需要救生圈。

小贴士

利用真实的救生圈，唤起幼儿的生活经验，引导他们积极表达救生圈的作用。

2. 第二个小动物

提问：这是谁？我们来一起问小海豚。

可以怎么问？还记得刚刚问小鳄鱼的问题吗？

小海豚是怎么说的？为什么救生圈不是小海豚的？

小结：原来会游泳的小动物不需要救生圈。

3. 第三个小动物

提问：亮眼睛看一看，我们遇到了谁？

谁来问问小兔子？

猜猜小兔子会怎么说？

小结：原来救生圈是给不会游泳的小动物用的，会游泳的小动物不需要救生圈。

三、情境游戏扮演：一起去河里玩

指导语：清清小河蓝又蓝，我们一起去水里玩一玩。

提问：谁会游泳？

不会游泳的小动物怎么办？

小结：不会游泳的小动物有了救生圈，也可以去水里游泳了。

指导语：你们看，又来了许多小动物！它们也想和你们一起在水里玩，我们去邀请它们吧！

提问：找找看，谁会游泳？

不会游泳的小动物我们怎么帮帮它？可以怎么说？

小结：有了救生圈，我们在水里既安全又快乐。

小贴士

创设小动物的生活情境，通过提问的方式引导幼儿学说动物间的对话。

小贴士

创设情境游戏，结合角色扮演，增加活动的趣味性。轻松自由的氛围能让幼儿自然而然地融入其中，愉快地与同伴一起对话表述。

活动反思

Q：活动中为什么要创设这样的情境游戏？

A：

1. 游戏是幼儿最基本的活动

游戏是幼儿的主要活动，是幼儿最喜欢的活动形式，也是教育的手段。小班幼儿具有具体形象性、随意性和情绪性的思维特点。游戏有动作、有活动、有材料，内容和形式丰富多样，灵活多变，引人入胜。所以幼儿乐于参与游戏，并易于在游戏中学习，游戏也成为幼儿语言表达的良好活动载体。于是，活动通过提供相关道具材料，引导幼儿开展情境表演，在情境表演中模仿角色对话，体验角色情感，丰富语言经验。

2. 自由的语言交往环境

《幼儿园教育指导纲要（试行）》指出"幼儿园应创造一个自由、宽松的语言交往环境，支持、鼓励、吸引幼儿与教师、同伴或其他人交谈，体验语言交流的乐趣"。"3—4岁正是幼儿发展最迅速、最关键的时期，也是幼儿学习语言的最佳时期。"但是由于小班幼儿年龄特点以及认知水平有限，许多幼儿的语言表达并不完整，有的幼儿甚至只会运用一些简单的词或词组交流，在语言方面表现出一定的匮乏。因此，使用多种方法，特别是情境游戏式的教学方法对小班幼儿进行语言方面的培养，能更好地促进幼儿语言表达能力的发展。

上海市杨浦区国定路幼儿园　陆雯艳

上海市杨浦区延吉幼儿园　顾诗怡

任务三　模仿讲述（中班）——鸭妈妈找蛋

活动设计说明

中班主题活动"在农场里"开展过程中，幼儿对小鸡、小鸭这些小动物产生了浓厚的兴趣，有进一步了解鸭子的生活习性这一愿望。结合幼儿的兴趣，教师选择了故事《鸭妈妈找蛋》来开展集体教学活动。《鸭妈妈找蛋》这个故事内容生动，情节有趣，富有变化，结尾又出人意料，深受幼儿的喜爱，而故事中各个角色之间的对话也有一定的规律，便于幼儿模仿、表演。

中班幼儿乐意听故事，并能通过倾听，初步理解故事的内容，愿意复述、模仿故事情节。选择幼儿喜欢的故事开展集体形式的讨论和交流，有助于丰富幼儿语言表达的经验；让幼儿扮演角色，开展故事表演，有助于满足幼儿的情感需求，在学学、说说、演演的过程中，增强自信，获得初步的表演经验。

图 1-3-3　鸭妈妈找蛋

活动方案

活动目标

1. 理解故事内容，模仿故事中角色的对话和动作，尝试在集体面前表演。

2. 体会到做事要认真仔细，不丢三落四。

活动准备

1. 物质准备：立体场景（池塘、花园、草地）、头饰（兔、牛、鸭、鸡）若干。

2. 经验准备：有角色扮演、学说故事中简单对话的经验。

活动过程

一、你划我猜，引发兴趣

指导语：请幼儿用动作来表演一个小动物，其他幼儿猜。（要求：表演的动物不能重复）

小结：原来每个小动物都有自己的特点，我们可以用不同的方式来模仿他们。

指导语：今天老师也来模仿一种动物，你们看看我是谁？（用动作和声音模仿）

故事表演：我，是鸭妈妈……

二、回忆故事，欣赏理解

1.回忆故事情节，感知主要脉络

提问：刚才我表演了一个什么故事？

　　　故事里出现了哪些动物？

　　　鸭妈妈去哪些地方找过蛋？

2.理解故事发展，模仿对话、动作

（1）鸡大姐

提问：鸭妈妈先去了哪里找蛋？遇到了谁？

　　　它是怎么问的？谁来学学鸭妈妈？

　　　鸡大姐又是怎么回答的呢？

邀请幼儿模仿表演：谁想做鸭妈妈？请几个小朋友来试试看，跟着我一起去找一找蛋。

（2）兔哥哥

提问：鸭妈妈在草地上找到蛋了吗？

　　　接下来它又去了哪里？遇到了谁呢？

　　　他们表演得好不好？好在哪里？

邀请幼儿模仿表演：谁还想来试试做鸭妈妈和兔哥哥？

小贴士

用小游戏激发幼儿的兴趣，并通过语言和肢体的表达吸引幼儿，让幼儿快速进入状态，以表演激发幼儿好奇心和听故事的欲望。

小贴士

一系列的提问由易到难，层层递进，提问的内容和先后顺序可以帮助幼儿理清故事主线。

小贴士

提问过程中可以邀请幼儿扮演角色，与教师用故事中的语言互动，可以师生互动，也可以生生互动，并在熟悉对话的基础上感受不同角色的动作特征以及声音特点。

小结：我们表演的时候，如果声音响亮、说话清晰，再加上有趣的动作会更受大家喜爱。

（3）牛伯伯

提问：鸭妈妈还去找了谁？它是怎么问牛伯伯的呢？牛伯伯说话的声音是怎么样的？

邀请幼儿模仿表演：谁愿意来学学牛伯伯说话呢？

小结：不同的小动物可以用不同的声音来表演。

3.理解故事结尾，懂得道理

提问：鸭妈妈有没有找到蛋？那是怎么回事？

它是一个怎么样的鸭妈妈？（粗心、丢三落四、不动脑筋、糊涂）

什么是"丢三落四"？你们喜欢丢三落四的人吗？

小结：丢三落四是一个很不好的习惯，不仅会给自己，而且还会给别人带来很多麻烦，所以，我们做任何事情都要认认真真、仔仔细细，不然就会闹出很多笑话。

三、扮演角色，尝试表演

1.幼儿自主选择场景与角色

2.教师扮演鸭妈妈，带领幼儿一同表演，注意语气与动作

小结：我们的表演结束了，谢谢大家！小朋友们的表演真是太棒了！回去表演给其他小朋友看，好吗？

小贴士

通过一个小话题的讨论，让幼儿与生活实际相联系，加深幼儿对故事的理解以及懂得一定的道理。

小贴士

整体表演时，教师起到一个穿针引线的作用，用旁白和肢体提示幼儿情节、对话，鼓励每一个幼儿的表现。

活动反思

Q：如何在语言活动中丰富幼儿的词汇？

A：在本活动中，教师预设了一个重点提问，"你觉得它是一个怎样的鸭妈妈？"这一开放性问题的提出，就是丰富幼儿词汇量的好方法。幼儿可以用故事里的对话进行回答，也可以根据自己的理解来回答。当幼儿的表达中有"新词语"时，教师可以及时给予肯定，并适当地追问，如"什么叫'丢三落四'""什么叫'粗心'"等等，帮助幼儿丰富词汇量的同时，初步理解"不同的词语可以表达同一个意思"。

Q：故事表演中的指导方法有哪些？

A：第一，认识故事中主要角色的特征。如，本活动中，鸭妈妈嘴巴扁扁，走路摇摇摆摆；鸡大姐声音尖尖，喜欢扑腾翅膀；兔哥哥蹦蹦跳跳，热情又活泼；牛伯伯慢慢吞吞，说话声音低沉……第二，教师从动作、表情、说话的语气语调上进行指导，并在初次表演时，教师以角色的身份加入，为幼儿提供参照，同时鼓励他们模仿或自主表现。第三，当幼儿对故事表演产生一定的兴趣后，可以将角色材料投放在班级表演区内，为幼儿提供更多自由尝试故事表演的机会，还可以开展"童话剧场"或"故事改编"等活动。

上海市杨浦区延吉幼儿园　陈文嘉

任务四　仿编创编（大班）——上面和下面

活动设计说明

大班幼儿对常见的蔬菜、水果有着丰富的认知经验，在他们眼里，各种蔬菜（植物），叫法名称不同，食用的部位也不同，是十分有趣的现象。结合大班主题活动"有用的植物"子主题"绿色菜篮子"中关于"蔬菜的什么部位可以吃"这样一个素材点，创设相关活动。在日常活动中，教师也常常会组织各类蔬菜的辨识活动，了解常见蔬菜的食用部位并品尝，幼儿对此类活动有浓厚的兴趣。

　　大班幼儿喜欢听故事、阅读故事、表演故事，乐于主动表达自己对故事主角或主要人物特征的理解；能根据故事的部分情节预测情节的发展，或续编、创编故事。故事《上面和下面》，通过大熊和野兔之间的三次合伙经历，将蔬菜可食用部位的有关知识巧妙蕴含其中，幼儿通过倾听、判断、猜测、交流与表达自己的想法，获得对故事情节的完整理解，丰富生活经验。

图 1-3-4　上面和下面

活动方案

活动目标

　　1.理解故事内容，了解不同蔬菜可以吃的部位是不一样的。

　　2.能大胆想象，预测故事情节的发展，有续编故事的兴趣。

活动准备

　　1.物质准备：多媒体课件、蔬菜图片、自制拼图。

　　2.经验准备：能辨别一些常见的蔬菜，初步了解它们生长的样子。

活动过程

一、看一看：认识故事主要角色

提问：仔细看图片，喜欢谁？为什么？

过渡语：懒惰的大熊和勤劳的野兔之间发生了什么？我们一起来看看。

二、说一说：大熊和野兔的三次合作

1. 第一次做合伙人

提问：大熊和野兔约定了什么？

野兔为什么种萝卜？仅仅因为它们爱胡萝卜吗？

还记得它们的约定吗？大熊要了哪一半？

大熊得到了什么？野兔呢？

过渡语：大熊看着自己的这堆萝卜叶子说："不对呀，怎么最好的都在你那儿？"

提问：哪里不对？什么是最好的？

如果你是野兔，你会怎么回答大熊？

小结：原来野兔种的萝卜上面一半是不能吃的，只有下面才能吃。野兔真聪明，计划真是天衣无缝，不仅自己收获全部庄稼，还给懒惰的大熊一个教训，让它一无所获。

2. 第二次做合伙人

提问：大熊要求再种一次，下次收成，它会和野兔约定什么？

指导语：大熊选择了下面一半，野兔可以种什么呢？这儿有许多图片，请你们帮野兔选一选！

提问：这就是你们帮野兔选的"庄稼"。认识这些菜吗？说说你为什么选它？

小结：原来野兔这回种的是青菜、花菜……下面一半是不能吃的，只有上面一半才好吃。你们帮野兔选得都对！野兔天衣无缝的计划又实现了！

3.第三次做合伙人

提问：大熊看着这堆乱糟糟的菜根，怒吼："再种一次！"这次大熊会要什么？

过渡语：大熊自认为聪明地选择了上下两部分，面对大熊的选择，野兔可以种什么呢？答案在拼板里，像野兔一样，用你们的智慧去找出答案。（幼儿分组完成拼板）

提问：野兔种了什么？为什么是玉米？

小结：因为大熊选择了上下两部分，所以它得到玉米上面的穗子和下面的根，而野兔得到中间的玉米。野兔种的玉米上面、下面都不能吃，只有中间结的玉米才能吃。

三、编一编：大熊和野兔的后续故事

提问：经过这三次做合伙人的经历，大熊会发生怎样的改变？野兔的生活有变化吗？

如果大熊和野兔第四次合作，它们会种什么？又会发生怎样的故事？

小结：经过这些事情，大熊再也不整天睡觉，变得和野兔一样勤劳。自己耕种、自己收获，它和野兔一样也有了许多好吃的东西。而野兔，用三次收获的这些蔬菜开了一个蔬菜市场，再也不会挨饿了。

活动延伸

野兔知道不同的植物可以吃的地方是不一样的，所以它的计划实现了，有了很多好吃的东西。

小贴士

回归故事主旨，引导幼儿预测故事的情节发展，表达自己对故事的理解和对主人公的喜好。

小贴士

延伸部分将集体活动延伸至个别化学习。可继续引导幼儿参与"根、茎、叶、果实、种子"的探索活动。

还有哪些植物也是只有上面一半才好吃或是下面和中间一半才好吃呢？这些好吃的地方叫什么名字呢？我们回去再找找。

活动反思

Q：儿童文学活动中，对于故事的教学环节设计要注意哪些要点？

A：第一，活动环节要注意层次递进。第二，活动环节应体现形式多变。以本活动为例，运用了集体看图、结对选图、小组拼图的方法。第一次做"合伙人"，采用了集体看图、直接讲述的方法。通过教师讲述故事，幼儿观察画面，教师提问"还记得……"来帮助幼儿建立初步的语言模型：用故事中的语句回答问题，回忆情节。第二次做"合伙人"，采用幼儿结对选图，根据图片提示讲述的方法，提供一些蔬菜水果的图片，让幼儿调动自己对于"地里的蔬菜"和"不同部位"的相关经验和知识，选择野兔可以种的植物，同时说出自己的理由。第三次做"合伙人"，采用小组拼图游戏的方式，通过分工与合作、讨论与商量，完成最后植物的拼图，得到答案——玉米。灵活多变、层次丰富的活动环节，能激发和保持幼儿参与活动的兴趣。将故事中的相关情境转化为游戏情境，能帮助幼儿更好地理解故事内容，在个人已有经验和故事内容之间建立联系，合理预测故事情节的发展，也为后续故事创编奠定基础。

上海市杨浦区延吉幼儿园　符佳然

视频 1-8

方格子
老虎
（完整）

任务五 仿编创编（大班）——方格子老虎

活动设计说明

《方格子老虎》是一本取点较新、充满趣味的绘本故事，结合大班主题活动"动物大世界"，从动物身上的明显特征——皮毛出发，调动幼儿的学习兴趣，让幼儿熟悉故事、理解故事内涵。

生活中常常会有些与众不同的快乐与乐趣，但是我们往往缺乏发现的眼睛。通过这个简单的故事，老虎身上的花纹变化，让幼儿知道快乐不需要刻意寻找，一个动作、一个变化就能带给别人不一样的感受。

大班的幼儿对于故事阅读已经积累了一定的经验，他们能通过仔细观察故事画面，理解相关的故事情节，并猜测故事的后续发展，学习仿编和创编故事。同时，在故事类的语言活动中，大班幼儿的倾听能力也需要进一步培养，不仅要乐于倾听教师的故事，也要能够安静耐心地倾听同伴的回答。

图 1-3-5 方格子老虎

活动方案

活动目标

1.熟悉故事、理解故事的内涵，能结合情节发展讲述并续编故事。

2.感受父母对孩子的关爱与期望。

活动准备

1.物质准备：PPT、画有方格子的纸张，记号笔（与幼儿人数相等）。

2.经验准备：与同伴合作游戏的经验。

活动过程

一、方格子的由来

1.介绍故事的主角

提问：家里有宝宝出生谁最开心？谁最辛苦？

过渡语：瞧，虎爸爸兴高采烈地跑了出去，他去哪里？后来发生了什么事？

2.幼儿连续看几幅画面（图三—图六）

提问：虎爸爸去了哪里？发生了什么事情？谁能将发生的事情讲一讲？老虎爸爸和老虎妈妈为什么吵架？买奶粉和吵架有什么关系？

3.教师完整讲述（图三—图六）

提问：虎爸爸想画什么条纹？为什么？什么叫与众不同？

虎妈妈为什么坚持画横条纹？

过渡语：看到爸爸妈妈因为自己而吵架，小老

> **小贴士**
>
> 问题是在出示完三幅图片后提出的，图片为幼儿提供观察和理解的基本内容，为幼儿的讲述提供了基础。

> **小贴士**
>
> 这里"虎爸爸为什么要画竖条纹？""什么叫'与众不同'"的提问引导幼儿讲述虎爸爸的心理活动，丰富幼儿的想象和表达，让幼儿讲述更生动。

虎感到很难过，它要想个办法既能实现爸爸的愿望，又能满足妈妈的想法，你们有什么好办法吗？

4.教师讲述图七

提问：看看，这只懂事的小老虎到底想到了什么两全其美的办法了呢？

小结：聪明的小老虎很快想到了一个好办法。晚上，他偷偷爬下床，在自己身上画起了条纹：先替爸爸画一道竖条纹，再帮妈妈画一道横条纹。第二天早上，爸爸妈妈看到小老虎时都惊讶地瞪大了眼睛："哦！"老虎妈妈惊讶地说："我的天哪！"老虎爸爸也吃惊地说："啊，太神奇了！"他们很快和好了。现在，出现在爸爸妈妈面前的是一只怎样的老虎？（一只既懂事又聪明的方格子老虎）

二、方格子带来了快乐

1.玩方格子游戏

指导语：在幼儿园里这只与众不同的方格子小老虎也深受同伴们的喜爱。他脾气温和，从来不欺负小朋友，瞧，小伙伴还在它的方格子上玩游戏呢。（教师示范）这个游戏你们玩过吗？（幼儿介绍具体内容）

2.介绍游戏玩法

提问：刚才我们也体验了一下方格子给我们带来的快乐，方格子还能干什么？（要求介绍玩法）

过渡语：方格子给同伴们带来了好多的快乐，真叫人欢喜。

三、方格子没有了

1.观察画面信息

提问：可是，有一天，又发生了什么事情？

> **小贴士**
>
> 由于幼儿认知能力有限，在介绍玩法的时候，还是需要借助凭借物来讲述。

这是在哪里？发生在什么时间？说些什么？

没有了方格子，爸爸妈妈还会像以前那样喜欢他吗？

为什么？

2.续编故事

指导语：瞧爸爸妈妈用温暖的双手托起他们的宝宝，猜猜看，爸爸妈妈会说什么话？

3.给故事取个名字

小 贴 士

引导幼儿说说爸爸妈妈的语言，增强幼儿创编故事的能力。

活动反思

Q：如何通过提问帮助幼儿理解儿童文学故事？

A：

1.围绕核心经验设计提问

围绕《方格子老虎》的故事，教师提炼出"与众不同的爱"这个关键词。通过这个导向，帮助幼儿理解核心问题——什么叫与众不同，引发幼儿开展讨论，引导幼儿感知虎爸爸爱子心切的行为。

2.围绕情节设计提问

以情节发展为主线，教师可以用提问做阶梯，让问题与问题之间形成有机的连接。本活动中首先提出了一个逻辑性问题"什么是与众不同"，引起幼儿的兴趣。根据情节发展又提出了一个探究性问题"它有什么办法既能实现爸爸的愿望，又能满足妈妈的想法呢"，引发幼儿进一步思考。紧接着当小老虎的方格子花纹出现后，归类型问题"刚才我们也体验了一下方格子给我们带来的快乐，那方格子还能干什么"将故事推向了高潮。最后，方格子消失了，教师用一个假设性问题："没有了方格子，爸爸妈妈还会像以前那样喜欢他吗？为什么？"以此来引发幼儿表达自己对绘本的理解和观点。

上海市杨浦区延吉幼儿园   王晓燕   杨音音

项目四　儿童文学活动（语汇）

视频 1-9

任务一　语音聆听（大班）——学说上海话

学说
上海话
（完整）

活动设计说明

在主题活动"我们的城市"进行的过程中，幼儿通过看、听、说感受到了我们生活的城市——上海日新月异的变化，了解了城市中有代表性的建筑、风俗、传统食物等，初步感知了上海的悠久历史与文化底蕴。在学唱《上海小调》的过程中，幼儿对本地方言——上海话产生了浓厚的兴趣。

经过调查，教师发现大班各班级中均有近半数幼儿来自沪语家庭，且大部分幼儿能听懂简单的上海话中的日常用语，但是能说上几句流利的上海话的幼儿却屈指可数。上海话作为本地方言，亟须被保护和传承。为此，教师设计了这个集体活动——"学说上海话"，让幼儿在讲讲、说说、玩玩中感受上海话的独特魅力，能够初步听辨上海话，愿意学说上海话。

图 1-4-1　学说上海话

活动方案

活动目标

1. 学说上海方言，体会上海话与普通话的不同。

2. 感受学习方言的乐趣，萌发热爱上海的情感。

活动准备

1. 物质准备：白板、PPT、白纸、记号笔。

2. 经验准备：听过上海话的儿歌，或是会说简单的上海话，有学说上海话的兴趣；有用图画、符号记录的经验。

活动过程

一、激趣导入

指导语：孩子们，前几天我们做了关于"你在哪里出生的"的小调查，老师发现你们都是在上海出生或者长大的，个么我刚上海闲话（注：上海语）你们听得懂吗？

二、学做"小翻译"

1. 引导幼儿把上海话翻译成普通话

翻译：娃娃家、看电视、做游戏、洗手、睡觉、玩、鱼、肉、土豆。

2. 引导幼儿把普通话翻译成上海话

翻译：爸爸、妈妈、哥哥、姐姐、女孩、男孩、吃饭、吃早饭、吃午饭、吃晚饭、喝水。

小结：同样一个字，用上海话可以有这么多种

小贴士

回顾前期的"调查表"，激发孩子们对上海话的认同感，合理引出"学说上海话"的环节。

讲法。

3. 比较了解"昨天、今天、明天、后天"中"天"的不同上海方言念法

提问：你认识这几个词吗？用上海话怎么念？

小结：原来，在上海话里，同一个字，当它和不同的词组合，可能会有不同的念法。

4. 比较数字"2"的不同发音规律

小结：原来，在上海话里，数字"2"，有一点特别，它组合成不同的数字，会有不同的念法。

三、听儿歌，做记录

1. 欣赏上海话儿歌

指导语：刚才你们听到的都是一个字两个字，能不能试着听句子呢？老师有一首有趣的上海话儿歌，请大家一起听一听。（播放儿歌）

提问：这首儿歌讲的是谁的故事？"巴巴"是什么意思？

2. 再次欣赏儿歌，并做记录

指导：老师念儿歌，幼儿用符号记录听到的词，特别是数字。

3. 幼儿交流记录的内容

指导：理解"借""还""我""伊"等词的意思。

4. 教师边念儿歌，边做记录

指导语：老师用了一种方法，把这首儿歌全记下来了，请你看一看。

5. 根据教师的记录，幼儿尝试复述儿歌

结束语：这首上海话儿歌有趣吗？关于上海话有趣的儿歌歌曲还有很多。孩子们可以互相交流，把你知道的上海话儿歌说给你的好朋友听。

小贴士

1—4环节设计逐层递进，由易到难，由生活中常用的、与普通话发音相近的词到发音差异较大的词或是多音字、易混淆发音的字或数字。教师根据幼儿的回答及时追问，向幼儿已有经验迁移，启发幼儿多说、多讲。

小贴士

根据幼儿的记录，及时将难点字、词进行讨论和讲解，帮助幼儿结合上下语境理解儿歌内容。

附：儿歌

有个丁伯伯，借伊两只蛋。

我说三天还，他说四天还。

一只大饼三角三，

三根油条一块一，

诶买了一块五花肉，

一共用特了六块六。

活动反思

Q：起步阶段的方言类（沪语）语汇教学应如何开展？

A：1. 运用儿歌等形式，激发幼儿兴趣

儿歌、谜语等文学形式，往往富有节奏、朗朗上口，易于模仿，且内容通俗易懂、活泼有趣，符合幼儿的认知水平和语言学习发展特点，能够激发幼儿语言学习的兴趣。幼儿在听、念、仿说儿歌的过程中，能感知使用不同词汇构造出不同的语音效果，帮助幼儿掌握词汇的发音和意义。

2. 借助已有生活经验，环节设计逐层递进，由易到难

借助已有的生活经验内容，能帮助幼儿理解作品中的相关词汇意思。由易到难的设计组织方式也符合幼儿的认知能力。方言（沪语）中，有一些词汇的发音与普通话的发音比较接近，又或者这些词汇是幼儿在生活中、在幼儿园里经常听到或者使用的，从这些幼儿较熟悉或者较易理解的词汇入手，逐步过渡到方言（上海话）发音与普通话发音差异较大或者幼儿平时说得比较少的词汇，由浅入深、步步递进，确保照顾到处于不同能力水平的幼儿，使他们能保持学习积极性。

上海市杨浦区延吉幼儿园　戎晓雯

视频 1-10

上海小吃
（片段）

任务二 押韵朗读（大班）——上海小吃

活动设计说明

在开展主题活动"我们的城市"的过程中，大班教师创设以"新老上海"为主题的角色游戏、室内运动"弄堂游戏"和个别化学习活动"学唱上海小调"等。幼儿在游戏中学说上海话、学唱上海话童谣，逐步对上海话产生浓厚的兴趣。

5—6 岁这一年龄段的幼儿，愿意大声朗读有押韵的儿歌和儿童诗，愿意尝试运用不同词汇进行仿编，体会自主组合语汇所带来的多变的语言音韵效果，并运用文学作品中简单的语句形式进行仿编和创意表达。本活动以幼儿熟悉和喜欢的"上海小吃"为切入点，让幼儿在学说常用词汇的上海话表达的基础上，尝试根据图片的组合进行上海话说唱的创意表达。鼓励幼儿在说说唱唱的过程中，感受上海话的韵味和特点，萌发对上海的热爱之情。

图 1-4-2 上海小吃

活动方案

活动目标

1. 会用上海话对常见的上海小吃进行口语表达，尝试根据图片的不同组合进行上海说唱。

2. 乐意说说唱唱上海话，感受上海话的韵味和特点，萌发对上海的热爱之情。

活动准备

1. 物质准备：上海小吃的图片、展示板。

2. 经验准备：幼儿初步了解过上海小吃，对说上海话有一定的兴趣和经验。

活动过程

一、导入——上海小吃花样多

（引导幼儿说说自己知道的上海小吃）

提问：这几天小朋友都回去了解过了上海小吃，那上海小吃有哪些呢？

小结：原来上海有这么多特色小吃，花样丰富，品种繁多。

二、练习——上海说唱真好听

1. 根据图片了解儿歌

过渡语：我把你们说的有些上海小吃编进了儿歌里，看得懂吗？那现在眼睛认真看，耳朵仔细听，

小贴士

从目标看：目标1是本活动的重点，学习常用的上海小吃的沪语表达，通过图片的变化来进行上海说唱的创意表达。目标2是本活动的难点——萌发情感。

小贴士

导入部分时间不宜过长，前期可以有一些经验的铺垫，引导幼儿了解一下上海小吃。

小贴士

第二部分旨在让幼儿多说多练，学说上海小吃的沪语表达。同时引导幼儿发现上海话的韵味和特点。

我们跟着图片一起来欣赏这首儿歌。

　　指导：引导幼儿听儿歌，用上海话说说听到的上海小吃。

　　提问：你听到了哪些上海小吃？儿歌里是怎么说的？谁能看着图片用上海话念一念儿歌？（个别、集体复述）儿歌中的每句话之间，有什么相同和不同之处？

　　小结：每句话的最后一个词尾发音很相近，念起来就会有押韵感。前后两句话的字词对应，字数相同，读起来就更朗朗上口。

　　2.分组练习，熟悉儿歌

　　过渡语：发现了这些小秘密，那我们记起这首儿歌来就更容易了。

　　指导：幼儿分组摆弄图片，共同练习表演上海说唱。（图片示范隐藏）

　　指导语：在每张桌子上，有打乱的上海小吃图片，请你们四人一组，找到和儿歌里相同的小吃图片，并按照儿歌的顺序边说边摆放在展示板上，比比看哪组摆得又快又准确。

　　要求：

　　（1）分三组，每组四人。

　　（2）根据儿歌的内容，把图片贴在展示板上，并小组合作试唱。

　　（3）共同验证图片摆放的顺序，小组集体表演。

　　小结：把上海小吃用上海话有节奏地唱到一首儿歌里，既押韵又好听，我们也可以把它称作上海说唱。

小贴士

　　这里需要观察每组幼儿协商、合作的情况。注意在摆放的过程中，要鼓励幼儿边说边放，同伴之间可以互相练习表演。

三、巩固——说唱游戏真好玩

1.幼儿分组尝试表达

（引导幼儿"吃掉"1—3种上海小吃，然后进行个人、小组和集体创意表达）

提问：这么多的小吃中，你最喜欢哪一种？"吃掉"之后，儿歌怎么念？可以用什么方式代替？

指导语：让我们一起来试一试。

2.幼儿自主协商表演

（幼儿在原有的展示板上自主协商，选择1-3种想要"吃掉"的小吃，并讨论用哪种方式进行替代表演）

小结：看来，不但上海小吃好吃，上海说唱好听，而且用表演的方法来进行上海说唱也变得更形象、更有趣。

四、延伸

指导语：刚才我们还说到了很多其他的上海小吃，下一次我们也把它们编进儿歌里，把我们上海的说唱游戏分享给更多的朋友。

小贴士

这里教师需要关注的重点是：1. 幼儿是否都乐意尝试说；2. 幼儿的上海话说得是否标准，可以适当纠正。

小贴士

替代表演时，建议可以第一组直接展示图示并表演；第二组先表演，让其他小组猜一猜是哪张图示；第三组难度升级，全班默唱表演。

活动反思

Q：如何开展方言类（沪语）语汇教学？

A：1.营造耳濡目染的学习环境

幼儿阶段是语言发展的黄金时期，为幼儿创造积极、良好的语言学习环境显得尤为重要。学习方言，需要借助一定的语境来激发幼儿学习语言的兴趣。因此，沪语的学习并不是一节集体活动就能达成的，而是需要经历长期的耳濡目染的过程。

2.采用有趣有效的游戏形式

听说游戏好听又好玩，能够让幼儿在反复的看图说唱中，感受上海话的韵味和特点。本次活动利用这样一种有趣的形式为幼儿创造了大量"说"的机会，让幼儿能充分运用上海话交流与表达，从而帮助幼儿积累沪语词汇及上海话表达的经验。

3.设计层层递进的教学环节

环节的设计要注意由浅入深，为幼儿的语言表达搭建阶梯。比如：幼儿首先通过看图说唱游戏来不断巩固上海小吃的词汇并进行沪语表达；其次，根据儿歌的内容，分组把图片贴在展示板上，进行小组巩固练习试唱；最后在原有的展示板上自主协商，选择1—3种想要"吃掉"的小吃，并讨论用自己喜欢的方式进行替代表演。导入—练习—巩固，整个教学环节层层递进，帮助孩子逐步拓展语汇与表达的经验。

上海市杨浦区延吉幼儿园　朱润宇

项目五　早期阅读活动

任务一　指认书中物体（小班）——变变变

活动设计说明

　　绘本《到底是哪个？》不仅画面简洁生动，还蕴藏着"万物都会变"的大道理。本活动立足于该绘本中有趣的画面与情节，以感受"变"—发现和体会"变"—尝试"变"为线索，让幼儿在看看说说、想想说说、玩玩说说的过程中调动已有的生活经验，获得神奇的"变"的体验。

　　小班幼儿正处于口头语言发展的高峰期，在日常生活中他们能与他人进行简单、浅显的口语表达与交流。绘本中的水果和动物是幼儿熟悉的事物，能让幼儿自然进入表达的情境，绘本中的"变"能激发幼儿主动交流的兴趣，让幼儿在看懂绘本内容、初步理解绘本内容的基础上积极地叙述绘本内容。与此同时，幼儿的观察能力与思维能力也伴随着阅读的过程得到发展，为今后的阅读和自主表达奠定基础。

图 1-5-1　变变变

活动方案

活动目标

1. 仔细观察画面，认识画面中的事物并发现其变化。
2. 感受"变"的乐趣，愿意尝试让事物变一变。

活动准备

1. 物质准备：苹果、穿山甲、白鹅、孔雀等图片。
2. 经验准备：有观察简单图片及简单表述的经验。

活动过程

一、看看说说，感受书中"变"的乐趣

指导语：老师带了一本书，里面"什么都会变"。我们一起来看看。

1. 幼儿观察画面，在比对中察觉事物变了

提问：哪个是圆的？到底哪个是圆的？（苹果、穿山甲）

哪个更大？到底哪个更大？（白鹅、孔雀）

哪个更长？到底哪个更长？（蛇、蚂蚁）

2. 幼儿观察画面，引发他们对事物变化的原因感到好奇

提问：哪个更快？到底哪个更快？（小狗、蜗牛）

刚才不是小狗快吗？

小结：变了变了，刚才蜗牛慢慢爬，现在下坡滚得快，骨碌骨碌骨碌。

小 贴 士

引导幼儿观察图片，引导幼儿用整句话回答。

提问：哪个是红的？到底哪个是红的？（苹果、西瓜）

过渡语：真有意思，刚才苹果是红的，现在西瓜是红的，这是怎么回事呀？

小结：变了变了，切一下，里面外面不一样。

二、读读想想，发现书中什么都会变

提问：喜欢这本书吗？什么地方最好玩？想再看一遍吗？

1. 观察苹果的变化

提问：哪个是圆的？苹果会变吗？它是怎么变的？

小结：变了变了，苹果被吃完了，它的样子变了。

2. 观察穿山甲的变化

提问：穿山甲的样子会变吗？

小结：穿山甲的身体团成一团，穿山甲的样子也变了。

3. 观察孔雀的变化

提问：哪个更大？孔雀能变大吗？它是怎么变的？

小结：变了变了，孔雀开屏，它就变得更大更美了。

4. 观察蛇和蚂蚁的变化

提问：哪个更长？

过渡语：蛇很得意哦！蚂蚁这么小，能变得比蛇长吗？很多很多蚂蚁排成队，看上去比蛇长好多，哇！这下蛇张大了嘴巴想说什么？

小结：这本书真有趣，什么会变？样子、动作、数量等，变了就会不一样。下次我们一起去翻一翻这本书，看看还有什么会变。"变一变"有趣吗？

三、玩玩试试，尝试让事物变一下

1. 游戏一：哪个力气大（教师与幼儿拔河）

提问：小朋友能比老师力气大吗？可以怎样变一变？（小朋友接龙拔河）

2. 游戏二：哪个更多（分成两组比多少）

提问：方形组和圆形组哪组人多？可以让方形/圆形组的人变得多吗？（一个幼儿走到另一组去/许多幼儿走到另一组去）

四、活动延伸

尝试摆弄各种物件，积累生活中许多事物都能变化的经验。教室里还有许多好玩的物品，我们在区角里玩一玩、变一变。

小贴士

通过一系列的游戏，幼儿能直观地感受变一变带来的乐趣。

活动反思

Q：早期阅读活动包括哪些内容？

A：幼儿是凭借自己的感官与思想去认识周围世界的。早期阅读活动不仅仅局限于阅读绘本，也不仅仅局限于成人发起的阅读活动，还应包括幼儿发起的对周围的人、事、物的观察阅读行为，以及幼儿和成人共同发起、共同参与的多种交流的阅读活动。

Q：在早期阅读活动中如何促进幼儿的思维发展？

A：

1. 为幼儿提供充分阅读画面的机会，引导幼儿通过观察、比较、记忆等方式指认画面上的物体，描述画面上的内容，发现画面与画面之间的联系。

2. 设计环环相扣、层层推进的活动环节，围绕阅读活动的重点开展分解，引导幼儿理解阅读内容，讲述故事情节。

3.通过提问，引发幼儿思考。如，在本活动中，围绕"能变吗""怎么变"展开提问，幼儿可根据已有的生活经验进行猜测和想象，感受"变"的不同方式，从新的角度来认识绘本中那些熟悉的事物。

上海市杨浦区延吉幼儿园　龚珉希

任务二　指认书中物体（小班）——小蓝和小黄

活动设计说明

《小蓝和小黄》是一本用撕贴色纸构图创作出来的富有美感的绘本，讲述了一个关于爱与融合的故事。

结合小班幼儿能清晰指认画面上的物体、描述单个画面上的故事情节这一特点，教师在活动过程中引导幼儿看看说说、猜猜讲讲，引导幼儿初步感知颜色结合会发生变化，体验阅读的快乐。同时，将这个活动安排在小班主题"好朋友"中，在有趣的故事情境中幼儿易于将自己与同伴、教师一起活动的经历与感受投入到绘本情境里，进一步获得有关"好朋友"的积极的情绪体验。

图 1-5-2　小蓝和小黄

活动方案

活动目标

1. 理解绘本内容，能用简单的语言表述对色彩变化的发现和感受。

2. 在看看、听听、讲讲中，感受和朋友一起活动的快乐。

活动准备

1. 物质准备：《小蓝和小黄》课件 PPT。

2. 经验准备：认识并熟悉生活中常见的颜色。

活动过程

一、引入主人公激发兴趣

1. 介绍小蓝家

提问：今天老师给大家带来一个新的朋友。看看他是什么样的，给他取个好听的名字吧。家里有几个蓝？他们是谁？

小结：小蓝的家里有爸爸有妈妈还有小蓝，真是相亲相爱的一家人。

2. 介绍小蓝的朋友

提问：小蓝有几个朋友？他们一起做什么？

小结：小蓝和你们一样喜欢和朋友一起玩游戏、一起上课，感觉真快乐。

3. 介绍自己最好的朋友

提问：你们有自己最好的朋友吗？他是谁？请你介绍一下自己好朋友的名字。

小贴士

在介绍小蓝以及其他角色的时候，可以不事先告诉幼儿角色的名字，让幼儿根据对绘本内容的观察自己命名，并说出命名的理由。

小贴士

小蓝朋友的名称由幼儿在活动开展时自行决定，教师在进行活动的时候可以自行加入。

4. 介绍小绿

提问：快看！他们变得怎么样了？

5. 小绿去探险了

提问：去了哪里？这么黑，他们会害怕吗？为什么？哪里探险？他们能爬上去吗？为什么？我们给他们俩加油。

6. 回家

提问：回家会发生什么事？爸爸妈妈都不认识小蓝和小黄了，他们会怎么样？

过渡语：最后，他们变成什么样了？现在爸爸妈妈能认出他们吗？我们一起跟着他们去小蓝家看看吧！

7. 蓝爸爸和蓝妈妈明白了

过渡语：蓝爸爸和蓝妈妈见到小蓝，开心极了，他们一起拥抱小蓝。"拥抱"代表什么意思？怎么做？让我们也和旁边的好朋友抱一抱。

提问：他们也抱了小黄，但是快看，他们发生了什么变化？谁能告诉蓝爸爸和蓝妈妈这是怎么回事？

小结：现在，他们知道是怎么回事了。原来蓝色和黄色"抱"在一起会变成一个新的颜色——绿色，他们高兴地拥抱在一起。

二、完整欣赏绘本故事

结合故事录音，翻看绘本《小蓝和小黄》。

三、活动延伸

还有哪些颜色"抱"在一起会发生变化呢？在美工区里找找答案吧！

小贴士

对于绘本中小蓝和小黄逐渐靠近融合在一起的这个过程，我们引导幼儿做出"抱"的这个动作，帮助幼儿理解。

小贴士

可以用"抱"这个动作，让幼儿回顾之前"抱"在一起变色的环节，引导幼儿根据画面的线索，推测、想象之后变色的情节。

活动反思

Q：如何结合小班幼儿的年龄特点设计此次教学活动中的提问？

A：《幼儿园教育指导纲要》指出，3—4岁的幼儿愿意表达自己的需要和想法，能根据画面说出图中有什么。我们要为幼儿创设自由、宽松的语言环境，让幼儿想说、敢说、喜欢说并能够得到积极的回应。

在《小蓝和小黄》的活动设计中，结合小班幼儿能够注意物体比较明显的形状特征，并能够用自己语言描述的年龄特点，在提问的时候我们充分鼓励幼儿根据自己对画面的观察来说说看到的颜色、给角色起个好听的名字、绘本里有些什么。并且在最后鼓励幼儿表述自己的推测、想象故事情节的发展。

同时由于小班幼儿正处于口头语言发展的敏感期，他们喜欢表达，但是由于语言发展水平的限制，常常会出现讲不清楚、讲不完整的情况。在活动过程中，教师可以引导幼儿加上手势动作，一方面是帮助幼儿表达自己的需要和想法，一方面也是帮助幼儿更好地理解绘本中"抱在一起"的含义。

Q：在小班早期阅读活动中有哪些提问的时机和意义？

A：结合本绘本，建议教师引导幼儿关注绘本里两种颜色相遇后的变化，通过提问引导幼儿发现颜色之间的联系、变化的结果等，激发好奇心，推动表达自己想法的意愿。还可以通过提问，将幼儿叙述的画面片段进行衔接，叙述成完整的故事。

上海市杨浦区延吉幼儿园　成思艺

任务三　学习翻阅阅读（中班）——亲爱的小鱼

活动设计说明

　　依照自然生态及以往看过的故事，人们形成一个既定的概念，认为鱼是猫的食物，所以鱼和猫的关系必然是敌对的，甚至在幼儿的世界里，也有这样的认识。因此，当幼儿看到《亲爱的小鱼》这本书的书名以及封面上猫和鱼接吻的画面时，产生了极大的好奇心，想要探索这到底是什么样的故事。绘本情节简洁、角色单纯、画面优美，适合中班幼儿自主阅读。

　　中班幼儿常以自我为中心，喜欢的东西都想要占为己有，很少为他人着想。这个绘本故事的内涵是体验"爱是相互的"，这也正好给了幼儿一次情感体验与表达的机会。但是，中班的幼儿接触自主阅读的时间还不长，尚处在起步阶段。因此，在整个活动中，采取幼儿自主阅读和教师引领集体阅读相结合的方式进行，可以更好地帮助幼儿理解故事内容。在提问的设计上，也尽量使问题开放化，给幼儿充分的想象空间。故事中猫和鱼的情感可以迁移到幼儿的生活中，让幼儿联系自己，大胆地表达。

图 1-5-3　亲爱的小鱼

活动方案

活动目标

1.观察画面细节,猜测、讲述故事情节,感受猫咪和小鱼间的美好情感。

2.尝试自主阅读,愿意用较完整的语言大胆表述自己的想法。

活动准备

1.物质准备:绘本课件 PPT、背景音乐、自制小图书。

2.经验准备:尝试过自主阅读,知道阅读的规则。

活动过程

一、 引出主题

1. 出示 PPT-1

提问:猫看着鱼缸里的小鱼,它会想些什么?

2.出示文字"亲爱的小鱼"

提问:听听猫是怎么称呼小鱼的?

过渡语:猫和小鱼之间到底发生了哪些亲密的事情呢?让我们一起看看《亲爱的小鱼》这本书。(提出自主阅读的要求)

二、阅读理解故事内容

1.幼儿自主阅读 P1—P4

提问:在猫的精心照顾下,小鱼渐渐长大了,她生活在这个鱼缸里会有什么感觉?

猫看着渐渐长大的小鱼在想什么?

小 贴 士

和幼儿一起观察图书封面,唤起幼儿的生活经验,鼓励幼儿大胆表述。

小 贴 士

尝试自主阅读故事前半部分,愿意用较完整的语言表达自己的想法。同时,渗透阅读图书的方法,如:一页一页翻,重点指导符号的阅读。

2.教师讲述故事 P1—P4

提问：猫喜欢这条小鱼吗？从哪些地方可以感受到猫很爱这条鱼？既然猫这么爱这条小鱼，为什么还会把小鱼放走呢？如果你是这只猫，你会愿意吗？（幼儿互相间说说）

小结：小鱼的离开让猫有些不舍，但是为了让小鱼能自由、快乐地生活，猫还是决定放走小鱼。爱并不是永远占有，还要为你爱的人着想，让他人生活得更好、更快乐！

3.教师讲述故事 P5—P8

提问：猫等到小鱼了吗？

你觉得小鱼会回来吗？说说你的理由。

过渡语：猫好想再见见它心爱的小鱼啊，我们快帮猫想想办法，让它能快点见到小鱼吧！

4.教师讲述故事 P9—P14

提问：猫等到小鱼了吗? 小鱼为什么会回来呢？

小结：小鱼也爱着猫呀，它听到了猫的呼唤，欢快地游回来了！

三、完整欣赏

教师完整讲述故事，幼儿边听边翻阅图书。

提问：你喜欢这个故事吗？为什么？

听了这个故事，你还有什么问题想问吗？

小结：就像你们说的，这是一个非常美丽的、关于爱的故事。让我们一起把故事分享给身边的朋友，回家分享给爸爸妈妈吧！

小贴士

在理解图书前半部分的基础上，鼓励孩子大胆猜测故事情节，激发思维碰撞。

活动反思：

　　Q：为什么在活动中加入自主阅读环节？

　　A：阅读是一个人必须具备的一种能力，是学习的基础，是成功的起点。《幼儿园教育指导纲要（试行）》提出：“培养幼儿对生活中常见简单标记和文字符号的兴趣，利用图书、绘画和其他多种形式引发幼儿对书籍、阅读和书写的兴趣，培养前阅读和前书写技能。”它说明了早期阅读的重要性，而自主阅读能力又是早期阅读教育的关键，它的形成将为幼儿一生学习能力的培养奠定良好基础。

　　随着幼儿进入中班，阅读意识越来越强，4.5—5.5 岁正是阅读敏感期，我们应该抓住这个敏感期通过各种方法促进幼儿阅读能力的提高。但是由于幼儿目前的自主阅读能力还比较弱，因此活动采用部分自主阅读的方式。活动准备期，教师挑选绘本中合适的内容，制作成小图书，通过教师一系列的指导策略激发幼儿对阅读的积极性。通过在集体活动中体验自主阅读的乐趣和成就感，幼儿在今后的个别化活动中也能自主进行阅读。

上海市杨浦区延吉幼儿园　吴　婧

视频 1–11

任务四　学习翻阅阅读（中班）——搬过来，搬过去

搬过来，搬过去（完整）

活动设计说明

　　中班幼儿喜欢读绘本，他们能根据画面讲述自己的观察与发现，幼儿的语言能力进一步提升，也能生动有表情地描述事物，对内容的理解能力较强。和教师一起读绘本能更好地满足他们的要求，帮助他们理解绘本内容。在主题活动“我爱我家”中，教师选择了绘本故事《搬过来，搬过去》开展师生共读。该绘本故事围绕鳄鱼先生和长颈鹿女士在共同生活过程中所遇到的各种问题而展开，情节风趣、幽默，蕴含了丰富的想象空间。幼儿通过阅读，发现鳄鱼先生和长颈鹿女士的生活模式迥然不同，

并运用已有的生活经验想象情节的发展，思考解决问题的办法，体会"相爱的一家人住在一起，虽然会有争吵但还是要想办法一起解决"。

通过对该绘本的观察、理解、讨论、讲述，幼儿能够体会不同的情感与关系，通过此类早期阅读活动，幼儿了解绘本内容与情感的能力逐步增强，为幼儿养成自主阅读习惯打下基础。

图 1-5-4　搬过来，搬过去

活动方案

活动目标

1.阅读绘本，了解鳄鱼和长颈鹿搬过来、搬过去的原因以及解决问题的方法，愿意大胆表达自己的想法。

2.体验相互关爱、相互谦让的情感。

活动准备

1.物质准备：PPT 课件、绘本《搬过来，搬过去》人手一本。

2.经验准备：有逐页阅读的经验。

活动过程

一、一对特别的新人

提问：今天是个好日子，森林里可热闹啦，因为有对动物朋友要结婚啦，来看看，他们是谁？猜猜看，谁是新娘？谁是新郎？你从哪里看出来？

今天这对新人和其他新人有些不一样，新娘长颈鹿长得特别高，而新郎鳄鱼呢？

小结：别看他们的身高相差那么多，但是他们却非常相爱，所以他们决定住在一起！

二、搬来搬去不方便

1.讨论住在鳄鱼家与长颈鹿家发生的问题

过渡语：瞧！长颈鹿搬着东西住到了鳄鱼家。他们生活得怎么样？让我们一起来看一看。

提问：长颈鹿在鳄鱼家生活得好吗？为什么？

小结：对呀，长颈鹿在鳄鱼家生活很不方便。走路不方便，睡觉不方便，喝茶聊天都不方便。

提问：没想到长颈鹿在鳄鱼家有这么多的不方便，那该怎么办呢？

过渡语：就像你们说的，住在鳄鱼的小房子里不方便，现在他们决定搬到长颈鹿的大房子里。你觉得他们的生活还会遇到困难吗？我们来看看这本书的第8页到第12页，看看他们住在长颈鹿的大房子里生活得怎么样。

提问：在长颈鹿的大房子里，他们生活得好吗？遇到了哪些困难？你在第几页上看到的？

小结：搬到长颈鹿的大房子里，不方便的地方也很多，对鳄鱼来说，长颈鹿家的东西都太高了，吃饭不方便，开门不方便，就连上楼梯、晾衣服、

小贴士

教师的小结语直接总结提升上一问题后幼儿的回答，这样的小结语既简洁又提炼出这一环节的主题，希望孩子们感受到长颈鹿和鳄鱼虽然外表差别那么大，却仍然想要在一起的相亲相爱的情感。

小贴士

小结不是单纯的重复，而是对幼儿回答的概括总结。

上厕所也都不方便。

2.改建后的新家

过渡语：看来，不管是搬过来，还是搬过去，长颈鹿和鳄鱼还是有很多很多的不方便没有得到解决，可是他们还是要住在一起，于是鳄鱼和长颈鹿越来越难过。

提问：为什么他们还要住在一起？

你们有什么好办法来帮帮他们吗？

过渡语：为了生活过得更快乐，这对相亲相爱的新人开始想办法。于是在一个阳光灿烂的早晨，他们在花园里制订了一个伟大的计划。他们先挖了一个巨大的坑，接着他们在坑里敲啊，钻啊，凿啊，然后还搬来了许多木板、树干和玻璃，又把每一件东西都清洗干净，擦得亮亮的。最后他们请来了巨大的水罐车往坑里装满水。虽然这对爱人每天都忙得非常累，但只要一想到新家马上就要造好了，心里就特别高兴。终于，梦想中的新家出现啦！瞧，这就是他们的新家。

三、继续阅读，揭开谜底，感受爱意

提问：长颈鹿和鳄鱼之前遇到的不方便在新家有没有得到解决？

想一想，之前有哪些不方便？

对照着看看新家里这些问题有没有得到解决呢？

你发现哪个问题已经解决了？是怎么解决的？

过渡语：除了楼梯，新家里还有哪些一高一矮的设计？在游泳池里他们还能一起做什么？

小贴士
幼儿通过连续阅读绘本第8—12页，知道这部分的具体内容，并回顾。

小贴士
通过小结与过渡语，能够很好地进行环节过渡，巧妙地引发幼儿对故事里存在的问题进行思考。

小结：原来，相互关爱、彼此谦让、一起动脑筋想办法，会让我们生活得更幸福、更快乐。让我们把掌声送给这对又聪明又幸福的新人吧。这个故事好听吗？故事的名字是《搬过来，搬过去》，请你回去和好朋友讲一讲这个好听的故事。

小贴士

活动最后的小结是对整个活动的总结与提升，此处的小结要考虑到活动目标，帮助幼儿更清晰地认识到故事中的深刻情感。

活动反思

Q：在组织早期阅读活动中可以运用哪些策略？

A：此次活动在环节中采取了不同的策略，更好地促进幼儿理解故事、表达与表现。

1.环节小结语梳理内容，体会故事情感

第一个环节首先让幼儿了解长颈鹿和鳄鱼十分相爱，他们很想要住在一起，小结环节让幼儿初步了解长颈鹿和鳄鱼之间的情感。第二环节通过观察、讨论，小结环节让幼儿理解长颈鹿和鳄鱼虽然相爱，但是他们住在一起真的太不方便了，幼儿都想要帮助他们解决这个问题，可是怎么解决难倒了他们。第三个环节和幼儿共同梳理了他们遇到的四个问题之后，让幼儿说说长颈鹿和鳄鱼怎么解决了他们遇到的问题。这个环节针对班级幼儿的具体情况，让幼儿充分观察故事图片，并且鼓励班级内平时胆小的幼儿也尝试清楚表达，在最后通过小结帮助幼儿对活动进行总结与提升，让幼儿在找到解决问题的方法的同时感受到相互关爱、相互谦让的情感。

2.环节衔接问题跟进，引发深度思考

在第二个环节中，教师与幼儿一同观察理解绘本图片，让幼儿自己尝试发现，长颈鹿和鳄鱼住在一起之后有什么不对劲，引发幼儿的兴趣，激发他们去思考"长颈鹿和鳄鱼能生活在一起吗？"这个问题，班级内大部分幼儿都认为他们是不能生活在一起的，因为幼儿觉得长颈鹿和鳄鱼之间的身高差距实在是太大了，住在一起有许多的不适合，接着请幼儿说出不适合在哪里？为什么？之后请幼儿进一步思考：

可以怎么解决呢？在这个环节中，设计了几个层层递进的问题。随着故事情节的深入，让幼儿一步一步去讨论这三个问题，引发了幼儿的思考，最终在这个环节中幼儿积极发言，为鳄鱼和长颈鹿预见困难、解决困难。

3.连续阅读故事内容，促进完整表达

在活动环节中设置了让幼儿阅读第8—12页的绘本内容，了解长颈鹿和鳄鱼生活在一起的情况。这一环节没有采取传统的一页一页阅读的方法，而是完整地阅读一段绘本发现其中的各个问题。这样的活动设计更适合中班幼儿自主地尝试。幼儿在整段阅读中发现长颈鹿和鳄鱼生活在一起不仅仅是一个不方便，而是到处都有不方便，更加体现了后续它们要改变自己房子的意图。在分享交流时，幼儿通过整段阅读后都有自己的发现，在与他人分享时更是有东西可以说，有细节可以表达，激发了幼儿积极表达的兴趣，也促进中班幼儿完整表达的能力。

上海市杨浦区延吉幼儿园　刘　念

视频 1-12

任务五　独立阅读分享（中班）——小蜡笔头儿

小蜡笔
头儿
（片段）

活动设计说明

蜡笔头是幼儿学习生活中不起眼的"小东西"，经常遭到幼儿的忽略和嫌弃，甚至被悄悄地扔掉。绘本《小蜡笔头儿》讲述的就是一个"小蜡笔头儿"被主人抛弃，在流浪的路上用自己小小的力量帮助了许多遇到困难的朋友，让朋友们重拾信心与快乐的故事。绘本的内容贴近幼儿的真实生活，内容浅显易懂，情节简单、重复，便于幼儿理解。绘本中"小蜡笔头儿"的经历能够引发幼儿反思自己在生活中是如何对待蜡笔头的，并通过阅读活动重新认识蜡笔头，进一步感受生活中其他废旧物品的价值，形成初步的环保意识。

经过小班一年的早期阅读培养，幼儿进入中班后，已具备了初步的观察与解读画面的经验，但在独立阅读的能力上还存在较大的个体差异。在本活动中，教师自制了小图书，在图书上加上了页码与小手印的标识，通过自主阅读的环节帮助幼儿养成一页一页翻书的习惯并初步感知书本的页码，逐步积累自主阅读的经验。

图 1-5-5 小蜡笔头儿

活动方案

活动目标

1. 自主阅读故事，愿意完整、大胆地表达自己对故事情节的理解。

2. 体会故事中小蜡笔头帮助朋友的情感，感受资源再利用的趣味。

活动准备

1. 物质准备：蜡笔头若干、故事 PPT、自制图画书、星空背景图、星星黑白卡若干。

2. 经验准备：幼儿有独立翻阅阅读的经验。

活动过程

一、引出话题

教师出示蜡笔，比较蜡笔头儿。

提问：孩子们，看这是什么？这儿有两支蜡笔。看看有什么不同？又短又旧的叫作蜡笔头儿。如果让你选，你愿意用哪支蜡笔来画画，为什么？

小结：那么，小蜡笔头儿就真的没人喜欢、没有用了吗？今天，我们就来听一个关于小蜡笔头儿的故事……

二、阅读故事内容

1. 教师讲述故事第一节

2. 引出自主阅读，幼儿阅读教师自制小书

提问：一路上，小蜡笔头儿遇到了哪些朋友？

小蜡笔头儿会和这些旧旧的朋友发生什么事呢？

过渡语：答案就藏在你们椅子下面的书里面。一页一页地仔细看，然后告诉我小蜡笔头儿和他朋友的故事。

3. 幼儿自主阅读，教师巡视

指导重点：幼儿一页一页仔细阅读。

4. 分享故事内容

提问：看懂了吗？谁来和我们分享一下，你看到了小蜡笔头儿和哪个朋友的故事？（幼儿说到某一情节后，可以请其他幼儿一起找一找，该幼儿讲的故事发生在第几页，说说自己的理解）

5. 教师完整讲述

6. 幼儿操作，为星星涂上颜色

提问：小蜡笔头儿看到这些快熄灭的星星，会

小贴士

教师用蜡笔与蜡笔头儿的比较，引发幼儿回忆日常生活中的经验，让幼儿充分发表自己的想法。

小贴士

自制图书可以根据本班幼儿的阅读能力进行个性化的设计。如，加入页码、小手印等，帮助幼儿独立阅读。

小贴士

自主阅读的形式能够充分尊重个体需求，幼儿可以按照自己的阅读习惯与能力，掌握阅读的进度，并通过集体交流，进一步加深对故事情节的理解。

怎么想，怎么做呢？

　　过渡语：是啊，小蜡笔头儿想：我真想给那些星星涂上光辉。虽然我变得这么小，可是，如果把我的全部都用上，那些星星一定会重新大放光辉的。孩子们，你们愿意帮助小蜡笔头儿实现他的愿望吗？那么，就让我们拿起小蜡笔头儿为这些需要光亮的星星涂上美丽的颜色，让他们重新绽放光彩吧。

　　小结：再一次披上美丽星光的星星们在天空中眨着眼睛，好像在说：谢谢你，小蜡笔头儿！虽然你曾经被人丢弃，但是，你却用自己剩下的力量帮助了那么多的朋友，我们都喜欢你！

　　三、游戏：翻翻乐

　　过渡语：生活中，还有许多像小蜡笔头儿一样被人丢弃却能再一次为我们生活服务的东西，想不想看看它们的新模样？猜猜看它们（如蜡笔头拼贴画、废旧物品制作的艺术品等）都是由哪些东西变的。对猜对的幼儿给予奖励。

> **小贴士**
>
> "为星星涂色"是为了让幼儿将书面的经验迁移到具体的生活中来，将抽象的概念通过幼儿的动手操作变成具象、真实的体验，进一步加深幼儿对"小蜡笔头依然有用"的理解。

活动反思

　　Q：在开展早期阅读活动时，如何做到"动静结合"？

　　A：在开展早期阅读活动时，应避免教师说幼儿听、教师问幼儿答的单一形式，可以根据幼儿的年龄特点和学习方式，采用"听听讲讲几分钟，离开座位几分钟"的模式，注意动静结合。

　　以本活动为例。第一次的"动静结合"出现在幼儿自主阅读的环节中，教师选取了绘本中最主要的故事情节，制作成了一本小书，让幼儿通过自己阅读的方式了解故事内容，即小蜡笔头儿帮助了哪些朋友。这一环节不仅能让幼儿有"动"的机会，活跃了活动气氛，也能让教师了解到每个幼儿自主阅读的能力。

第二次的"动静结合"出现在用小蜡笔头儿为小星星涂颜色，这是故事的结尾。为了进一步激发幼儿感受到小蜡笔头儿的"大"作用，教师制作了一幅星空的版面，上面挂满了没有颜色的星星。通过前半部分故事的渲染，幼儿此时非常愿意用事先准备好的小蜡笔头儿，"费劲"地为小星星们"穿"上漂亮的衣服。当一颗颗漂亮的小星星重新绽放在星空中时，幼儿不禁为自己的"杰作"鼓起了掌。

以上两次动静结合让整个教学活动张弛有度，既能实现教师既定的教学目标，又能使幼儿在自主体验中体会"小蜡笔头儿"的真实价值，情感得到升华。

上海市杨浦区延吉幼儿园　朱玉娟　王夏密

视频 1-13

月亮船
（片段）

任务六　独立阅读分享（大班）——月亮船

活动设计说明

《月亮船》的故事来自"我是中国人"的主题，其中蕴含了祖国的大好河山及"世界之最"，通过蒲公英、蟋蟀、螳螂、仙女、小白兔等营造了童话般的情境，很容易引起幼儿的兴趣，并通过浪漫的语言和情节，萌发幼儿对祖国的热爱之情和作为中国人的自豪感。相比枯燥的介绍，这种情境带给幼儿的体会更易于被幼儿接受，情境中的对话和语句也更易于理解。不知不觉中，热爱祖国的种子就在幼儿心中生根发芽。

幼儿可以事先了解一些中国的"世界之最"，使他们在倾听故事的时候代入感更强，便于产生共鸣。对于良好的阅读习惯和阅读策略等经验，大班的幼儿也有了一定的积累，有助于在此活动中进行独立阅读，并提高分享交流的信心。平时需要进行倾听能力的培养，不仅乐于倾听教师的故事，也要能够安静耐心地倾听同伴的回答。

图 1-5-6　月亮船

活动方案

活动目标

1.通过自主阅读理解故事内容，知道中国的"世界之最"。

2.感受身为中国人的自豪，激发幼儿热爱祖国的情感。

活动准备

1.物质准备：绘本故事 PPT、喜马拉雅山拼图、天安门广场的图片和视频、长城的图片和相关古人搬运砖块的卡片。

2.经验准备：初步了解中国的"世界之最"。

活动过程

一、介绍故事名称 激发倾听兴趣

指导语：今天我们一起来听一个故事，故事名字叫《月亮船》。

提问：听一听，故事里有谁？发生了一件什么事情？

小贴士

直接进入主题，引发幼儿倾听故事的兴趣。

二、倾听理解故事，知道主要情节

1. 听一听，说一说——寻找故事线索

提问：刚才你听到了什么？

蒲公英被吹到了一个什么样的地方？

"陌生"是什么意思？

过渡语：原来故事讲了蒲公英迷路的事情，那么这个内容和"月亮船"有什么关系呢？我们继续往下听故事。

2. 翻一翻，读一读——感知"世界之最"

过渡语：想不想知道这些"世界之最"的秘密？秘密就在书里面，每个人去书里面找一找，然后把你知道的秘密告诉大家。

提问：你们有什么发现？

（1）喜马拉雅山——格子表示什么意思？（原来珠穆朗玛峰的高度相当于19个东方明珠叠起来的高度）

（2）万里长城——长城有什么作用？（千百年前，没有机器，人们就是靠着双手，靠着团结的力量用勤劳和智慧在连绵起伏的山上，建造起了坚固的城墙，守护了自己的国家）

（3）天安门广场——关于天安门广场，你们有什么想要分享的？（让我们用一段视频走进天安门广场）

（4）磁悬浮——这又是哪个"世界之最"呢？磁悬浮到底有多快？（磁悬浮列车的速度可达每小时400公里以上，这是世界上最快的列车，这就是中国的速度！）

（5）熊猫——谁来介绍一下熊猫？（冬奥会

> **小贴士**
> 这个环节注重引导幼儿的主动观察和理解。

> **小贴士**
> 通过阅读、分享、倾听，在熟悉理解故事情节的基础上，知道中国的"世界之最"，同时了解"世界之最"的特别之处，了解中国人用勤劳和智慧创造了"世界之最"。

吉祥物的原型就是国宝熊猫！冰墩墩来到了冬奥会的赛场，受到了所有人的喜爱，也让全世界再一次看到了我们中国的风采）

小结：了解了"世界之最"的秘密，让我们跟着蒲公英、跟着月亮船，再一次走进故事。

三、完整理解故事激发爱国情感

指导语：原来，蒲公英的家就在我们中国。其实，我们中国还有很多了不起的人、事和景观，让我们到教室里去找一找，向周围的人去问一问，你们一定会有更多的发现。

小贴士

了解故事的完整情节，进一步加深对故事中"世界之最"的印象，激发幼儿进一步探索和发现，萌发幼儿作为中国人的自豪感。

活动反思

Q：大班幼儿早期阅读的发展目标是什么？

A：随着年龄的增长，同时经过幼儿园两年多来的语言活动学习，大班幼儿喜欢阅读不同类型、题材的图画书，养成了自主阅读的良好习惯，并且能较长时间地阅读，具有初步独立阅读的能力，愿意跟别人分享图画书。在大班阶段的学习中，教师要注重培养孩子对语言文字的理解能力，对文学作品中心内容的把握等。在分享交流方面，要注意培养幼儿有序、连贯、清楚地讲述一件事情的能力，还要注意幼儿是否能根据阅读内容进行初步的思考，表达自己的理解和感受。

Q：早期阅读活动如何生动有趣？

A：活动取材基于已有经验，这个活动是"我是中国人"主题下的"自豪中国"的第一课时。《月亮船》是一个优美的故事，情节简单，便于幼儿理解。整个活动就以迷路的蒲公英找家为线索，引导幼儿在生动的故事情节中了解中国的"世界之最"，再结合前期活动的经验，回顾并向同伴分享中国的了不起的人、景观和重大的成就。活动形式立足生动体验，活动一开始就建立在故事情境上，通过各个角色之间的对话，以及浪漫的故事语言等，幼儿能够很容易地沉浸其中，并激发阅读的兴趣。

Q：如何引导幼儿主动观察？

A：在阅读绘本的过程中，从共同观察封面的图片开始，引导幼儿仔细观察每一幅绘本图片，初步感受主角的动作和表情。教师不必急于示范讲述，而是通过提问等方式，引发幼儿积极观察，通过几幅图的引导，尽可能地让幼儿自己产生疑问和发现，并感受几幅图的关联性。这种方法有助于幼儿理解故事情节，以及故事的中心内容。

Q：如何培养幼儿良好的阅读习惯？

A：良好的阅读习惯并非一朝一夕就能形成，需要教师持续地引导和巩固。教师可以通过阅读活动指导、阅读环境创设等方式，潜移默化地影响幼儿，逐渐形成良好的阅读习惯，例如：爱护图书，不乱撕、乱扔书；初步掌握阅读的方法；能专注阅读图书；主动要求成人为自己读图画书；等等。鼓励成人和幼儿一同阅读，进一步培养幼儿初步独立阅读的能力。

上海市杨浦区延吉幼儿园　朱莉莉

视频 1-14

地铁站
大发现
（完整）

任务七　实用阅读交流（大班）——地铁站大发现

活动设计说明

升入大班后，幼儿对周围的世界有着更积极的求知和探索的愿望。在"我们的城市"主题活动初期，教师带领幼儿逛了逛附近的街区。为了方便幼儿过马路，经常会从与幼儿园相邻的地铁通道穿越。每次穿过地铁车站时，幼儿常常会三三两两地讨论、交流。围绕地铁，幼儿产生了很多话题。

大班幼儿已经具备一定的阅读能力，能观察、比较事物的异同，形成预期、假设、比较、验证等语言策略，并进行描述。但同时，他们也比较缺乏将相应的事物关联起来并在生活中迁移的能力。教师根据此核心经验，将阅读回归生活，通过幼儿园附近地铁站里的一些标志，引导幼儿交流分享阅读这些信息的实用性意义。地铁作为幼儿经常乘坐的交通工具之一，是教学可以充分利用的社区和周边的资源，也可以为幼儿创造体验性、探索性的学习环境。因此，教师在组织幼儿对地铁进行了前期调查后，结合调查记录，筛选了一些有价值的内容进行此次活动设计。

图 1-5-7　地铁站大发现

活动方案

活动目标

1. 观察并说出地铁站的标志与设施，知道它为人们出行带来的便利与安全。

2. 懂得遵守公共规则的重要性。

活动准备

1. 物质准备：事先调查记录墙、PPT、录像。

2. 经验准备：事先有乘坐地铁的经验。

活动过程

一、激发兴趣，引出话题

提问：猜猜这是哪里？

二、观察发现，交流分享

1. 认识进出箭头和换乘标志

提问：这是什么标志？

同样是箭头，它们有什么不同？

小结：在地铁站里会有许多箭头指示标志，虽然它们表示的内容不同，但是它们都会给我们带来便利和安全。

2. 认识屏蔽门和安全线

提问：这是什么？老师为什么要把它们放在一起？

有屏蔽门的地铁车站要注意什么？

没有屏蔽门的地铁车站要注意什么？

小结：地铁车站的屏蔽门和安全线都是引导我们在等候列车时要注意安全，所以我们一定要遵守哦！

3. 认识显示屏

提问：这是什么？它和家里的电视机有什么不同？

小结：原来地铁车站的显示屏可以把列车的到达时间和线路准确地显示出来，真方便。

4. 认识安检标志

提问：除了地铁站，哪些地方我们还需要安检？

小结：许多公共场所都需要安检，安检能为我们带来人身安全。

5. 认识报警编码

提问：地铁车站里的这串数字到底是什么？有

小 贴 士

此处各环节的交流了解了地铁站标志与设施，以及其为人们出行带来的便利与安全。

小 贴 士

此处解决了此节课幼儿的共性问题。

什么用？（观看录像解疑）

　　小结：每个地铁站里都有不同的报警编码。万一你不小心和大人走散了，只要告诉他们这些报警编码，工作人员就会很快找到你。

　　总结：地铁站里有那么多的设备和标志，可以给我们的出行带来便利和安全。

　　三、引发好奇，继续探究

　　1.播放微电影，了解特色地铁站

　　2.延伸活动

小 贴 士

此处用小视频的形式拓展了幼儿的视野，引发他们能从更多不同的角度去观察与发现。

活动反思

Q：早期阅读活动如何凸显趣味性？

A：以本活动为例，教师对所选用的图片进行了设计，有的是一张图片中蕴含了不同的信息，有的是不同图片中蕴含了相同的信息；图片的呈现也采用了多样的形式，有师生共同翻开隐藏的图片，有教师同时出示两张图片进行比较，有幼儿自主选择图片等；在观察与阅读图片时采用动静结合的方式，有的看看讲讲，有的则采用游戏的形式，让幼儿跟随音乐模拟按照箭头指示标志行走等。

Q：早期阅读活动中如何提升幼儿语言运用的能力，发挥阅读在生活中的作用？

A：首先，将阅读内容与幼儿的生活经历进行链接，使幼儿能充分调动已有经验。如，本活动就是基于幼儿乘坐地铁的真实生活经验，将幼儿常见的、关注的地铁站的设施设备、标志标识等作为幼儿阅读的素材，开展活动。又如，活动最后一个环节，用微电影的方式呈现生活中真实的几座特色地铁站，帮助幼儿拓展经验。其次，所提供的图片、视频等阅读材料，需要紧扣目标，去除无关的、干扰阅读的元素。最后，通过教师的提问等，让幼儿能有目的地观察与阅读、有重点地交流与沟通。

上海市杨浦区国和一村幼儿园　钱　赟

项目六　预设性谈话活动

视频 1-15

任务一　多元辅助谈话（大班）——中国速度

中国速度
（完整）

活动设计说明

《3—6 岁儿童学习与发展指南》中提到幼儿社会领域的学习内容主要包括人际交往和社会适应，其中大班幼儿社会适应之目标 3 包含"能感受家乡的发展并为此感到高兴；知道国家一些重大成就，爱祖国，为自己是中国人感到自豪"。为实现这一目标，幼儿园在体验课程中开展了"家国情怀"系列活动，活动形式丰富多样。同时，大班幼儿在一日活动中经常围绕某一事件、主题等进行交谈，能倾听、理解他人的想法，具备了一定的语言交流能力。因此，教师设计了这节集体谈话活动"中国速度"，主要通过调动幼儿已有经验，借助提问、操作、评论等多元方式，辅以幼儿的交谈，引导幼儿将发现的生活的变化与祖国的发展、强大建立联系，激发幼儿爱党、爱国的积极情感。

图 1-6-1　中国速度

活动方案

活动目标

1.能围绕"中国速度"这一话题展开交谈，感受理解"中国速度"的特殊含义。

2.萌发热爱祖国的情感，为自己是一名中国人感到自豪。

活动准备

1.物质准备：PPT、视频、拼图学具。

2.经验准备：武汉 2020 年初抗击新冠病毒经验的回顾。

活动过程

一、导入

提问：做哪些事情需要快速度？（吃饭？打游戏？奔跑？送快递？……）

小结：有些事情因为时间紧迫，我们必须加快速度，有些事情因为只有快才能赢，所以，速度很重要！

二、回顾——新冠病毒爆发后的"中国速度"

1.观看视频——抗击新冠病毒

过渡语：我们来看一段视频，感受一下什么是速度？

2.组织讨论

提问：当时发生了什么情况？

有哪些人？他们快速地做了哪些事情？

做这些事为什么要快？

小 贴 士

导入部分用一个"发散性问题"，是为了调动幼儿生活经验，激发表达，初步建立"速度"和时间、"速度"和结果的关系。

小结：2020年1月，当新冠病毒袭击武汉的时候，中国人用10天建造了火神山医院，用18天建造了雷神山医院。医生护士连夜奔赴武汉抢救病人，他们争分夺秒连续工作，救治了更多的病人！2020年4月，中国人用最短的时间控制住新冠病毒的蔓延！（速度怎么样？中国人怎么样？）这就是中国速度！

三、分组操作、讨论——生活中的"中国速度"

过渡语：接着我们要来玩拼图游戏，拼出的图片里藏着"中国速度"，完成之后和好朋友说一说。

提问：你拼出的图片是什么？

1. 支付宝

提问：你在哪里见过这个标识？它是用来做什么的？

小结：支付宝给我们带来了扫码付款的方便快速，支付宝也是中国人创造的，这就是中国速度！

2. 金牌

提问：金牌让你想到了什么？哪几项运动是比赛速度的？想到了哪几位有速度的中国运动员吗？

小结：中国运动员在跑步、游泳、滑冰各种比赛中取得金牌，体现了中国人的拼搏精神，代表着中国速度！

3. 绿皮火车和高铁

提问：这两种都是火车吗？它们的区别在哪里？

小结：中国的高铁有3个"世界之最"：总里程数最长，安全系数最高，营运时速最快。这就是中国速度！

四、拓展

观看视频——《中国速度》。

小贴士

一串"回忆性问题"，帮助幼儿梳理视频关键信息。

小贴士

分组操作的设计既满足大班幼儿合作达成结果、合作增进情感的需求，也通过"观察性问题+解释性问题"，引导幼儿发现、表达生活中的中国速度。

过渡语：我们再来看一段视频，找一找"中国速度"。

提问：你在视频里还看到了什么，让你感受到中国的强大、中国的速度？

最后说话的人是谁？习爷爷对我们说了什么？

小结：当下的中国正在快速发展，中国的将来要靠你们去创造，创造更多更快的中国速度，让祖国更强大，让人民生活更美好！

活动反思

Q：在谈话活动中如何通过提问帮助幼儿梳理重点信息？

A：在这节谈话活动中，幼儿主要通过观看视频来获得信息。视频中有大量实录的情境性片段和很多数字讯息，观看过程中需要幼儿精准地捕捉重点画面、清晰地倾听到视频中的关键词，最后围绕事件表述自己的观点。教师则用五个重点提问（回忆性问题）帮助幼儿梳理、引导幼儿表达：什么情况（事件背景）—哪些人—做了什么—为什么要快—哪些数字。幼儿主动举手发言，讲述自己的所见所闻，最后用语言和数字提炼结果——中国（抗击新冠病毒）速度！

Q：如何运用不同类型的提问，让游戏的操作环节与谈话活动建立关联？

A：分三组合作完成拼图的游戏环节设计，突出了幼儿园提出的"在操作中感受乐趣""在合作中增进情感"的体验课程操作理念。三幅拼图分别是"支付宝""奥运金牌"和"高铁"，它们是第二部分谈话的主题和内容。教师接着启用"观察性问题"——你拼出的图片是什么和"解释性问题"——它是用来干什么的、你在哪里看到过、看到它让你想到了什么，启发幼儿围绕图片内容，联系生活经验展开讨论，并在师幼互动和生生互动中提炼有效信息。教师在这个环节中要起到观察、引导的作用，通过提问、回应、总结来帮助幼儿完成整个谈话活动。要注意的是：提问一定要符合班级幼儿的经验水平和思维水平，促进幼儿积极表达。

上海市杨浦区延吉幼儿园　冯　敏　丁思云

视频 1-16

喜欢中国
的理由
（片段）

任务二　指定主题谈话（大班）——喜欢中国的理由

活动设计说明

　　谈话是幼儿语言发展的基础。进入大班后，幼儿的谈话能力明显提高，主要表现为幼儿能逐渐完整理解谈话对象的意思，逐步掌握谈话的规则，在谈话中能较为密切地围绕主题表达自己的想法，促使谈话主题深入发展。

　　在"我是中国人"主题活动接近尾声时，幼儿已经获得了大量的主题信息、积累了丰富的主题经验及相关的谈话交流素材。开展"喜欢中国的理由"这一谈话活动，就是对前期已开展过的主题内容进行归纳，让幼儿获得的有关经验得以梳理。借助集体谈话的机会，幼儿围绕自身的感受充分表达，在此过程中进一步了解与认知中国，萌发喜欢中国的情感，促进语言能力的发展。

图 1-6-2　喜欢中国的理由

活动方案

活动目标

1. 交流喜欢中国的多种感受，能较完整地说出自己的理由。
2. 有了解中国"新四大发明"的兴趣，进一步萌发喜爱中国的情感。

活动准备

1. 物质准备：幼儿记录用的笔和纸（红、黄、绿三色）；用于分类的题板、标记；"新四大发明"PPT；视频《外国朋友喜欢中国的理由》；记者挂牌、小话筒。

2. 经验准备：

（1）幼儿已在主题活动"我是中国人"的开展过程中了解过中国的人（名人）、地（著名景点）、事（了不起的事情）以及民间活动等；并在日常生活中有乘坐高铁的经验；对网购、共享单车等有初步了解。

（2）在以往的学习活动中，幼儿参与过围绕某一话题进行谈话的活动。

（3）幼儿在自主游戏及其他活动中有分组讨论和合作记录的经历，能初步进行协商、分配。

活动过程

一、小朋友喜欢中国的理由

1. 教师以"记者"身份采访幼儿，引出采访话

小贴士

目标1是本活动的重点——交流与表达，目标2是本活动的难点——萌发情感。

小贴士

创设"记者采访"的活动情境，能快速引出话题、激发幼儿表达的兴趣。

题——喜欢中国的理由

2.幼儿自由分组，每组讨论后用红、黄、绿三色笔记录喜欢中国的理由，一个理由记一张纸

3.每组派代表交流记录的结果，教师将记录纸分类粘贴在题板上（美食、景点、名人、动物、民乐、服装等）

小结：小朋友们有的喜欢中国的……有的喜欢……一共有 x 个方面，x 条。这些就是你们喜欢中国的理由！你们喜欢中国的理由这么多啊，中国真好，做中国人真好！

二、老师喜欢中国的理由

1.猜猜老师喜欢中国的理由是什么

（1）出示写有汉字"四"的记录纸，幼儿猜

指导语：今天我要介绍的是中国的"新四大发明"。中国的"新四大发明"是什么？听一段录音你就明白了。

（2）听录音，出示 PPT

小结：高铁、支付宝、共享单车和网购是中国的"新四大发明"。

2.引发幼儿提问，了解"新四大发明"

提问：对于中国的"新四大发明"，你们有什么想问、想了解的吗？

指导语：大家讨论一下，选出你们最感兴趣的两个问题，我们来交流。剩下的问题我们记下来，放在问题墙上，大家以后一起来找答案。

预想一：中国高铁

（1）谈话

提问：你坐过高铁吗？坐高铁去哪儿？

小贴士

将幼儿记录与讲述的理由分类，帮助幼儿理清思路、加深认知。

小贴士

听录音环节，考验的是幼儿倾听的能力。如果幼儿不能一次就把四个内容都听清楚，可以再听一次。

小贴士

"新四大发明"内容较多，无法在一次教学活动中全部完成，因此，可以仅就幼儿最想了解的两个内容开展集体交流。

（2）出示 PPT，比较地铁、小汽车、高铁从上海出发到达昆山的时间，突出高铁的快

（3）播放视频，了解中国高铁的三个"最"

提问：你从视频里知道了哪些信息？

小结：中国高铁全世界最快，线路加起来全世界最长，中国人建造高铁的本领全世界最棒！这，就是我喜欢中国的理由！

预想二：支付宝

（1）什么是支付宝？

提问：什么是支付宝？家里谁用支付宝？

小结：支付宝啊，人人都能用。

（2）怎样用支付宝付钱？

出示支付宝二维码，教师现场演示扫码。

提问：爸爸妈妈用支付宝付什么钱？

小结：支付宝啊，处处都能用，真方便。这也是我喜欢中国的理由！

预想三：共享单车

（1）了解与共享单车相关的基本信息

提问：你在哪里看到过共享单车？你知道哪些品牌的共享单车？

共享单车怎么用？小朋友能不能骑共享单车？

小结：共享单车，随时随地想骑就骑。12岁以上儿童才能独自骑行上路。

（2）拓展关于"共享"的经验

提问：什么是共享？你猜以后还会有哪些共享的好东西？

小结：共享就是分享，就是大家一起用。你们的设想以后都有可能实现，中国人会发明创造出越

小贴士

在比较中，"快"与"慢"一目了然。

小贴士

小结语中用"支付宝，人人都能用，处处都能用""共享单车，随时随地想骑就骑"等，对幼儿表达的内容进行归纳。

来越多共享的好东西。这也是我喜欢中国的理由！

预想四：网购

提问：什么是网购？谁爱网购？你们家有什么东西是网购的？网购好不好？好在哪里？

小结：喜欢什么就在网上买什么，不用出家门，就能买到喜欢的东西，网购真方便。这也是我喜欢中国的理由！

3.小结

"新四大发明"让我们的生活越变越方便、越变越好。现在，全世界的人都夸中国了不起，你喜欢中国的"新四大发明"吗？是的，这就是我喜欢中国的理由！中国真好，做中国人真好！

三、外国朋友喜欢中国的理由

1.播放视频

提问：外国朋友有哪些喜欢中国的理由？

小结：看，越来越多的外国朋友到中国来旅游或居住，他们都深深地爱上了中国。来，让我们也喊出对中国的爱。

2.教师将话筒对准幼儿，幼儿集体喊出"我们爱中国"

3.延伸活动

总结：今天我们说了很多喜欢中国的理由，其实喜欢中国的理由远远不止这些。下次你们也去当当小记者，采访更多的人，了解更多喜欢中国的理由。

活动反思

Q：在这节谈话活动中，小结语的设计有何特别之处？

A：小结语，也叫结束语或结语，是教师在教学活动的某一环节结束或整个教学活动结束时说的话。它是教师对这一环节或这节活动提纲挈领、加以归纳总结的语言，是教学过程的有机组成部分。小结语的基本类型有以下四种。

1.归纳总结型——归纳知识要点，或梳理幼儿零散的经验

如：在本活动的第一个环节中，请幼儿分小组合作记录喜欢中国的理由，并派

代表介绍和交流。教师借助分类题板将幼儿所表达的内容按照"美食""服装""景点""民族乐器"等分类呈现，用"小朋友们有的喜欢中国的……有的喜欢……一共有 x 个方面，x 条。这些，就是你们喜欢中国的理由！"来进行小结。幼儿零散的经验得到了汇总和梳理，并在分类中理清了思路、加深了认知，通过具体的数字（几个方面、几条理由）感受到同伴们喜欢中国的理由面广、量多。

2. 环节过渡型——总结上一环节、开启下一环节，起到承上启下的作用

如：在本活动的"外国朋友喜欢中国的理由"环节中，小结语"看，越来越多的外国朋友到中国来旅游或居住，他们都深深地爱上了中国。来，让我们也喊出对中国的爱"，既对视频中的内容进行了总结，也自然地过渡到幼儿表达爱中国情感这一环节。

3. 激发情感型——可运用固定句式或递进句式，推进情感体验

如：在本活动中，多段小结语中运用了"这就是我喜欢中国的理由"这句话语，在结构上各环节间相互呼应，使整个活动内在的情感主线更为凸显；在内容上不断强调活动的主旨，引发幼儿的心理共鸣；在形式上用不断重复的句式来增强情感力度，以此感染幼儿，使幼儿由内而外地萌发爱国情感。

4. 情节延伸型——迁移经验、拓展思路、延伸活动等，多用于活动结束部分

如：在本活动的结尾，教师的小结语是："今天我们说了很多喜欢中国的理由，其实喜欢中国的理由远远不止这些。下次你们也去当当小记者，采访更多的人，了解更多喜欢中国的理由。"其目的在于激发幼儿去收集更多喜欢中国的理由，去进一步探寻更多中国的美、好、强……

需要注意的是，小结语应用语简洁、明确，根据教学目标和活动语境合理安排，各类型的小结语可以独立运用，也可以有机结合。

上海市杨浦区延吉幼儿园　许　琴

项目七 辩论活动

视频 1-17

任务一 各抒己见（大班）——老房子和新建筑

老房子
新建筑
（完整）

活动设计说明

随着大班主题"我们的城市"活动的开展，幼儿对一些老建筑外观、结构、设计原理等方面有了一定的认知和了解。与此同时，伴随着幼儿通过平时居家、和父母出游等机会，对城市新建筑也有了自己的看法。有的幼儿非常喜欢老房子，而有的幼儿则喜欢新建筑，为此幼儿们展开了辩论。

在幼儿阶段，辩论是一种非常具有挑战性的语言活动，也是非常具有价值的语言活动。大班的幼儿已经具备了一定的倾听、理解和表达的能力，通过辩论活动可以帮助幼儿在倾听的基础上，分享各自的已有经验，辨析同伴的观点，还能在进一步表达、解释自己观点的同时，积累反驳对方观点的方法，能够培养幼儿独立思考和发展批判性思维的能力，这些都是促进幼儿语言发展的重要途径。

图 1-7-1 老房子和新建筑

因此，为做好幼小衔接，培养幼儿乐于参与讨论问题，能在众人面前表达自己想法的能力，以及初步的思辨能力，教师结合主题活动和幼儿之间的热点话题，设计了本次辩论活动。

活动方案

活动目标

1. 乐于思辨，能在集体面前大胆地表达自己的想法。
2. 在交流讨论中了解新建筑和老房子的特点，感受城市变化。

活动准备

1. 物质准备：PPT、地标线。
2. 经验准备：了解新建筑、老房子的特点（外观、结构、地理位置等）。

活动过程

一、建筑名片

提问：今天老师带来了一些建筑的图片，看看这是哪里？

哪些是新建筑？哪些是老房子？

它们外形都有什么特点？

小结：老房子很多都是木质结构而且不高，新建筑有许多是高楼。

二、辩论赛

1. 确定主题

过渡语：你们喜欢新建筑还是老房子？今天让

小贴士

幼儿的辩论是他们已有经验的运用，因此前期的经验准备非常重要，语言能力取决于认知能力。

我们一起来辩论，说说喜欢的理由。

2.解读规则（图文：小组讨论、画下来、轮流说、认真听、可反驳）

3.分组辩论

小结：你们从外形、牢固、环保等方面说了喜欢老房子和新建筑的理由，它们各有优点。

过渡语：聪明的建筑师设计新建筑时，有时也会用到建筑老房子的智慧，让我们一起来看看。

三、新建筑与老房子的融合

1.出示图片：金茂大厦、大雁塔、杨浦图书馆

提问：大雁塔、杨浦图书馆这两个建筑有什么相似的地方？

你在哪里找到古代建筑的痕迹？

小结：老建筑身上许多技法、结构、图案都值得我们学习，也让新建筑变得更好看。

2.出示视频：上海的过去和现在

提问：视频中你看到了哪些变化？

总结：聪明的建筑师造起一座座新建筑的同时，也把老房子装饰得很漂亮，保护得很好。在有空的时候可以请爸爸妈妈带你去上海的这些地方参观一下。

小贴士

通过这个环节帮助幼儿了解辩论的规则。

小贴士

此环节需引导幼儿不仅要倾听对方的想法，还需要根据这些想法提出自己反对的理由，尝试去说服对方。着重提炼幼儿辩论的部分矛盾点。如：新房子漂亮，那老房子难道不漂亮吗……美观、牢固等都是可以展开辩论的关键点。

活动反思

Q：为什么将活动设计为"辩论"的形式？

A：辩论的形式在集体教学活动中较为少见。设计这样的活动是基于教师对班级幼儿的了解。因为"辩论"无论对幼儿来说，还是对教师来说都具有一定的难度。一方面，它对大班幼儿的思维能力、语言表达能力以及规则意识都具有一定的挑战。

另一方面，教师在组织辩论活动时会遇到许多不可控因素，需要教师具有及时回应幼儿、利用幼儿的已有经验去引导思考，以及调控现场的能力。虽然组织辩论活动具有一定难度，但对于幼儿来说，他们倾听和表达的能力、思维的方式都会在辩论的过程中得到提升。因此，教师应该具备这样的意识，为幼儿提供积累辩论经验的机会。

Q：幼儿的"辩论"与成人的"辩论"有什么不同？

A：在成人的概念里，"辩论"有明确的正方和反方，两方的观点鲜明且对立，辩手们要坚持自己这一方的观点，并用充分的理由去反驳对方的观点。但对于幼儿来说，辩论活动是在唤醒幼儿已有经验的基础上，引导幼儿积极表达自己的想法。在倾听了他人的想法后，幼儿可以表示赞同或不赞同。当与别人看法不同时，幼儿也敢于坚持自己的意见并说出理由。这样既有成人辩论的形式，又能让幼儿在学会倾听、接纳、认同别人的同时，提出自己的所思所想。

上海市杨浦区延吉幼儿园　龚　整

个别化学习活动设计

个别化学习活动是实现幼儿个体建构与自主发展，并积极探索师幼共建的一种课程实施方式。本模块结合幼儿语言领域核心经验，设计符合幼儿年龄特点，并体现趣味性、差异性、层次性和可操作性的个别化语言学习活动，凸显幼儿在语言领域发展的阶段性目标和具体表现。

项目一 叙事性讲述活动

任务一 说人物（小班）——好朋友乐园

活动设计说明

9月，大部分小班幼儿第一次离开父母，走进幼儿园，开启了集体生活。经过一段时间的适应，小班幼儿渐渐熟悉了班级里的同伴，有的会知道同伴的名字，喜欢和他们一起玩游戏，但有的还无法准确说出同伴的姓名。小班主题活动"小宝宝"的目标是"学用普通话说出自己与同伴的姓名"，因此结合主题活动的开展，通过个别化材料的投放，引导幼儿在听听、摆摆、说说的过程中，进一步熟悉同伴。

活动方案

活动设计导图

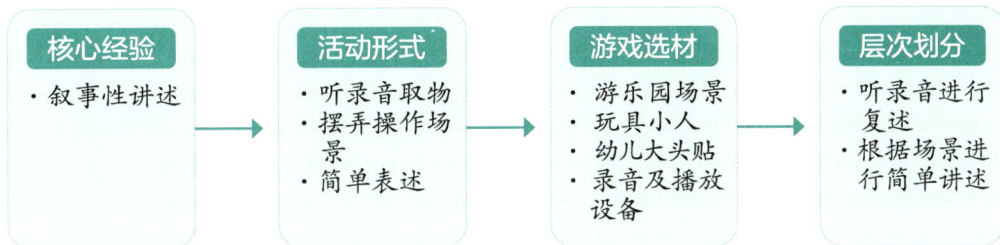

核心经验	活动形式	游戏选材	层次划分
·叙事性讲述	·听录音取物 ·摆弄操作场景 ·简单表述	·游乐园场景 ·玩具小人 ·幼儿大头贴 ·录音及播放设备	·听录音进行复述 ·根据场景进行简单讲述

图 2-1-1 "好朋友乐园"活动导图

材料与玩法

游乐园场景（玩具摩天轮、跷跷板等），玩具小人，幼儿大头贴，录音及播放设备。

图 2-1-2　活动材料（幼儿照片）

图 2-1-3　活动材料（积木）

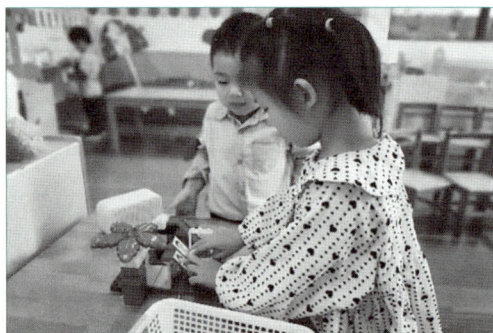

图 2-1-4　玩法

玩法一：播放录音，听到"我和 xxx 一起玩 xxx"，尝试找出这个小朋友的大头贴放在游乐园里，并且试着复述"我和 xxx 一起玩 xxx"。

玩法二：认一认、说一说同伴的姓名。把好朋友的头像放置在游乐园的场景中，尝试讲述"我和 xxx 一起玩 xxx"。

观察重点

1. 幼儿能否用普通话说出同伴的姓名。

2. 幼儿能否完整复述或讲述句子"我和 xxx 一起玩 xxx"。

提示

1. 活动前，教师可组织幼儿自我介绍或者进行"开门关门"的游戏，帮助幼儿熟悉同伴的姓名。

> 2. 对于一开始不能完整表述句子的幼儿，教师可以在个别指导的时候提问："请问你想和谁玩？""你知道他叫什么名字吗？""你们在玩什么呀？"引导幼儿从说出小朋友名字到用完整句子表述，发展叙事性表述能力。

活动反思

Q：设计小班语言类个别化学习活动需要注意哪些方面？

A：首先，创设物化的情境，激发幼儿语言表达的愿望。小班幼儿的思维是通过外显的形式进行的，他们习惯把自己的所做所想用语言表达出来。提供可以操作、摆弄的材料，能启动幼儿的思维，激发幼儿的语言表达。通过情境化的游戏和可操作的道具，激发幼儿听听说说的兴趣。其次，活动材料要凸显生活化、家庭化，材料能取之于幼儿的生活，回归幼儿的生活。通过对幼儿在实际生活中见过的、用过的、熟悉的物品的创设，让投放的材料更贴近幼儿，更吸引他们操作。最后，投放的材料需满足幼儿的个体差异，包括经验、性别、性格等方面的差异，让不同发展水平的幼儿都能获得符合自身"最近发展区"的经验。

上海市杨浦区延吉幼儿园　戎晓雯

任务二　说对话（小班）——三只熊

活动设计说明

"三只熊"这一活动内容来源于主题活动"熊的故事"。"熊的故事"的主题核心经验是尝试用各种方式表述故事情节，对物体的大小进行比较或匹配。在创设语言区个别化活动内容时，由于幼儿之前已参与了"三只熊"的集体教学活动，对阅读活动中出现的画面场景、主要人物和物件都比较熟悉，且小班年龄段的幼儿对大中小的物品分类和排序有较大的兴趣。因此，提供了一些用于活动后复述故事内容的区域材料，帮助幼儿结合已有的关于本活动的经验以及使用磁性底板和操作材料的经验，进行叙事性讲述活动。

活动方案

活动设计导图

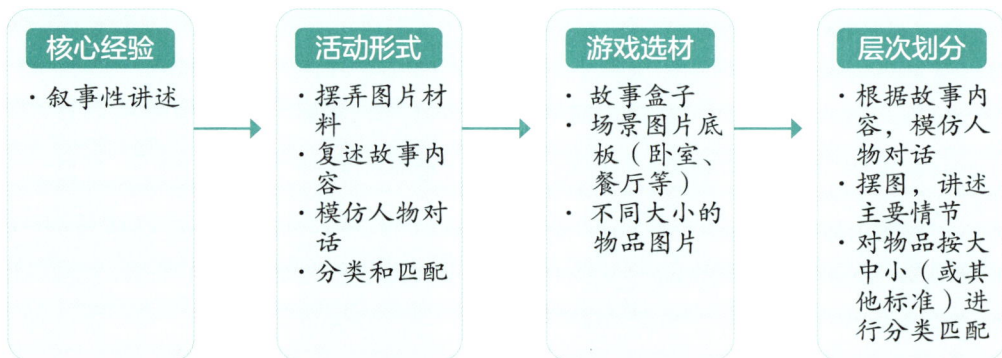

核心经验	活动形式	游戏选材	层次划分
·叙事性讲述	·摆弄图片材料 ·复述故事内容 ·模仿人物对话 ·分类和匹配	·故事盒子 ·场景图片底板（卧室、餐厅等） ·不同大小的物品图片	·根据故事内容，模仿人物对话 ·摆图，讲述主要情节 ·对物品按大中小（或其他标准）进行分类匹配

图 2-1-5　"三只熊"活动导图

材料与玩法

　　故事盒子，场景图片底板（卧室、餐厅等），《三只熊》故事中出现的人物和物件的图片。

　　注: 提供的图片，每种三张，大中小各一张，背后贴上磁性贴或雌雄搭扣，方便在底板上随拿随取，操作摆弄。

图 2-1-6　活动材料（场景图片底板）

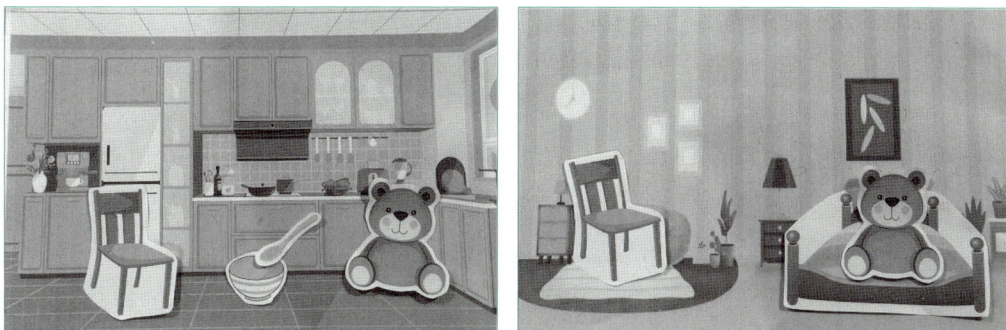

图 2-1-7 活动材料（场景图片底板）

玩法一：幼儿根据提供的图片，模仿主要人物的语言和对话。

玩法二：根据图片线索，尝试摆图，复述和描述主要的故事情节。

玩法三：可根据物品的大中小（或其他标准：物品种类、使用方法等），为三只熊的物品进行分类和匹配。

观察重点

1.幼儿是否能够根据图片提示，用口头语言描述故事的主要情节和人物对话。

2.幼儿能否根据已有的生活经验，对各种物品进行分类。

提示

1.开展叙事性讲述类的个别化学习之前，教师可组织集体教学活动，帮助幼儿熟悉故事场景和人物对话。

2.投放材料时，可将出现在不同房间（卧室、餐厅、盥洗室等）的物品图片分别放在不同的小盒子里，让幼儿在选择图片时，可以有意识地分类匹配。

活动反思

Q：幼儿已经参与过集体教学活动了，为什么还要继续在个别化活动中创设内容相似的叙事性讲述类活动？

A：叙事不仅是幼儿了解和表达世界的基本方式，还是幼儿综合语言能力水平的反映，并且与幼儿未来的读写能力发展有密切联系。幼儿的语言能力发展不是一蹴而就的，也不是通过死记硬背来获得相关经验。在短短15—20分钟的集体教学活动中，幼儿对于阅读的情感体验和表达热情，不能全部得到充分满足。因此非常有必要将活动拓展和延伸到个别化学习活动的区域中，让每一位幼儿都有机会获得积极的讲述和阅读体验。

Q：在个别化学习进行的过程中，幼儿不按教师的预设进行活动，怎么办？

A：教师不要着急介入，更不要责怪和批评幼儿。建议观察一下幼儿在个别化区域中的行为，思考：为什么幼儿出现这样的操作行为？与教师预设的区别和差异在哪里？通过寻找区别差异，思考幼儿行为的意义和差异背后的原因，调整所提供的操作材料，继续投放并持续观察幼儿进一步的操作行为。也可以在活动后的分享交流中，与幼儿共同讨论活动的内容与方法，渗透规则。

上海市杨浦区延吉幼儿园　符佳然

好饿的
毛毛虫

任务三　说情节（中班）——好饿的毛毛虫

活动设计说明

绘本《好饿的毛毛虫》画面色彩鲜艳，主体角色鲜明，并且有大量的与水果相关的内容，在前期集体阅读绘本时，幼儿就被故事深深吸引。因此，教师可以将绘本继续投放到语言角。自由活动时，他们会主动翻阅绘本，并和好朋友互相指认画面上的食物。幼儿在阅读绘本时，能用食指点数食物，并模仿毛毛虫一弯一弯吃东西的样子。教师提供可操作的自制绘本底板和绘本中出现的食物元素卡片，幼儿通过数一数、撕一撕、贴一贴、说一说，体验手口一致点数以及借助于凭借物能简单讲述绘本的愉快情感。

活动方案

活动设计导图

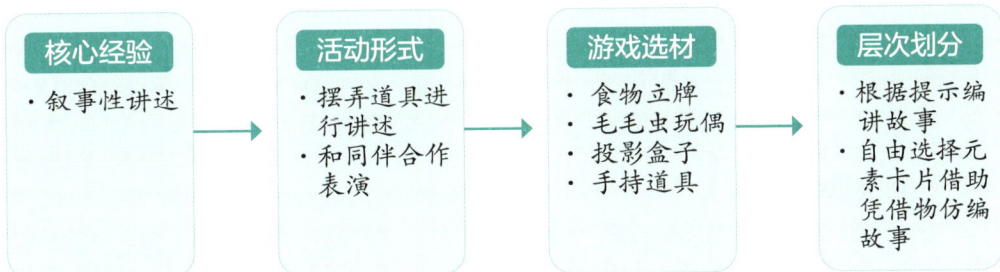

核心经验	活动形式	游戏选材	层次划分
·叙事性讲述	·摆弄道具进行讲述 ·和同伴合作表演	·食物立牌 ·毛毛虫玩偶 ·投影盒子 ·手持道具	·根据提示编讲故事 ·自由选择元素卡片借助凭借物仿编故事

图 2-1-8　"好饿的毛毛虫"活动导图

材料与玩法

绘本《好饿的毛毛虫》，可操作的绘本底板，数字卡片和食物卡片（可撕贴）。

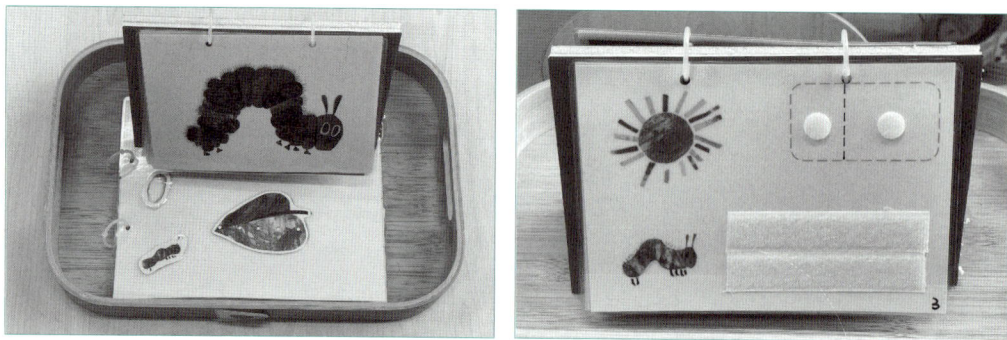

图 2-1-9   活动材料（毛毛虫底板书）

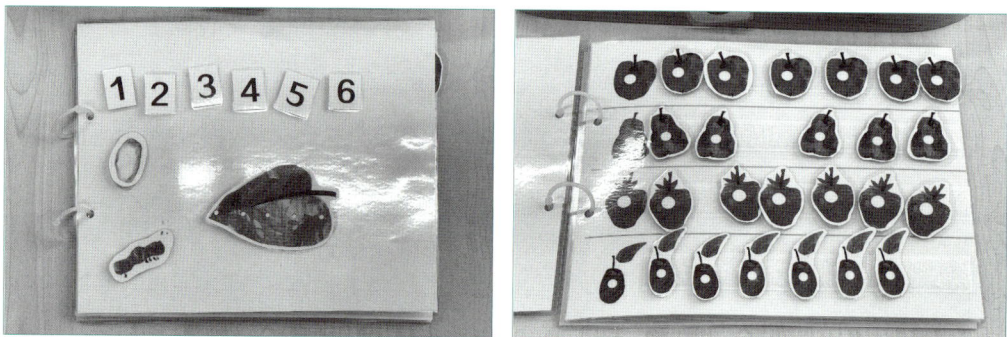

图 2-1-10   活动材料（数字、食物卡片）

玩法一：翻阅绘本，根据画面粘贴食物，用简单的句式"第 X 天，毛毛虫吃了 X 个 XXX"进行故事讲述。

玩法二：根据提示，粘贴卡片并讲述故事，在"第 X 天，毛毛虫吃了 X 个 XXX"的基础上，可以增加一些生活中习得的形象的词句，如"红红的苹果""吃得肚子圆滚滚"等。

玩法三：自主摆弄操作材料，根据粘贴的绘本，进行完整的故事仿编讲述。

观察重点

1. 幼儿是否熟悉绘本，能否完整讲述"第 X 天，毛毛虫吃了 X 个 XXX"。

2. 幼儿编讲故事时，是否按照基本的叙事结构讲述。

提示

1.活动前，教师可以进行阅读主题活动，通过不同形式的活动帮助幼儿理解熟悉绘本内容，增加幼儿多方面的阅读体验。

2.对于一开始不能完整表述句子的幼儿，教师可以在个别指导的时候展示绘本画面进行提问："毛毛虫吃了什么""它吃了几个"，引导支持幼儿完整讲述。

活动反思

Q：如何在个别化活动中，以绘本为媒介发展中班幼儿的语言表达能力？

A：首先要选择适宜的绘本，考虑到中班幼儿的年龄特点以及认知水平，绘本故事需要贴近幼儿的已有生活经验，故事短小、有趣，最好有重复的情节和重复的语言，让幼儿容易进行模仿讲述，而色彩鲜艳的绘本也能唤起幼儿阅读的愿望。

其次通过多种形式的活动，引导幼儿充分理解故事内容并熟悉绘本中的角色，为提升中班幼儿的语言表达能力做好铺垫。活动中循序渐进地引导、鼓励幼儿大胆讲述。绘本故事的讲述，不仅丰富了口语经验，而且形成了与书对话的经验，提升了幼儿凭借口头语言经验来表述书面阅读内容的能力。

上海市杨浦区延吉幼儿园　朱凯宇

项目二 说明性讲述活动

任务一   感知讲述（小班）——好饿的小蛇

活动设计说明

　　在小班"苹果和橘子"的主题活动中，幼儿开始关注水果的特征，且通过不同的触感进一步增加对于常见水果的认知。为了与主题活动紧密结合，语言区也会相应投放一些与之相关的个别化学习材料，以此来激发幼儿围绕"水果"主题展开的说明性讲述。在语言领域的核心经验中，关于说明性讲述提到了"能够讲述事物直观的特征"这个目标。而这一个别化材料就是希望通过材料和故事的趣味性激励幼儿表达故事内容，描述不同水果的外形特征。

活动方案

活动设计导图

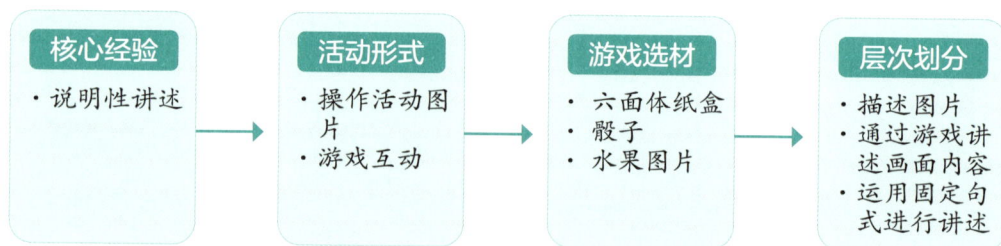

核心经验	活动形式	游戏选材	层次划分
·说明性讲述	·操作活动图片 ·游戏互动	·六面体纸盒 ·骰子 ·水果图片	·描述图片 ·通过游戏讲述画面内容 ·运用固定句式进行讲述

图 2-2-1   "好饿的小蛇"活动导图

材料与玩法

带有小蛇头像的六面体纸箱，各种水果图片，骰子。

注：提供的水果图片，有的是完整的，有的是剖面图，有的是裁剪后的一部分。

图 2-2-2 活动材料（六面体纸箱）

图 2-2-3 活动材料（水果图片）

玩法一：幼儿根据小蛇身上的图片，猜测小蛇吃了什么水果，用 AAB 句式描述水果的特征，如"大大的"苹果、"绿绿的"西瓜等。

玩法二：幼儿掷骰子，根据骰子点数找到纸箱上对应的画面进行简单描述。

玩法三：一名幼儿翻动箱子选择图片，请另一名幼儿用"小蛇吃了……（水果名称），啊呜，咕嘟"的句式表述。

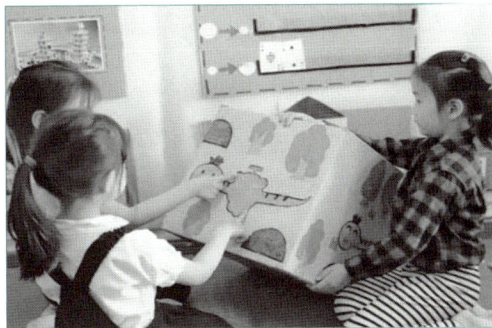

图 2-2-4 玩法

观察重点

1.幼儿是否能通过观察准确判断出是哪种水果。

2.幼儿讲述时，能否熟练掌握固定句式。

提示

1.活动前，教师可组织集体活动，帮助幼儿了解 AAB 句式和一些简单的重复句式。

2.可在投放的水果图片（如剖面图）背后附加上完整图片进行简单覆盖，当幼儿无法通过局部准确说出水果名称时，可以自行进行验证。

活动反思

Q：组织个别化说明性讲述活动有哪些优势？

A：好的个别化说明性讲述活动可以提供给每一个幼儿单独表述的空间和时间，弥补了集体教学活动中无法兼顾全体幼儿的缺憾，且个别化活动时，各区域的分布比较广，在一定程度上保护了幼儿的隐私，对于性格比较内向的幼儿来说，也增加了安全感。语言的习得和掌握是一个"接收—吸收—产出"的过程，因此对于词、句式的掌握不是简单的几次活动就可以呈现的，但在个别化讲述活动中，教师提供的材料是基于本班幼儿近阶段的发展水平，在很大程度上保证了幼儿学习的质量和效果。材料的层次性、玩法的多样性，都能让不同水平的幼儿得到满足，这就是个别化学习活动最大的优势——因人而异，有"料"可用。幼儿通过观察、操作、练习不断提升自身的语言表达能力。

Q：在设计个别化说明性讲述活动时，需要注意哪些问题？

A：教师在设计个别化说明性讲述活动时，要思考如何最大程度地调动幼儿学习的积极性和学习的深度，适当增加一些学习障碍，让幼儿接受挑战，以此来激发幼儿的探索欲望，增强学习持久性。

讲述类个别化学习活动与其他类型的个别化学习活动相比较，本身就容易给幼儿枯燥、乏味的感觉，因此在材料的准备上要避免单一的呈现形式，在玩法上要凸显"趣味性"，一人游戏时增加一些游戏情境来激励幼儿持续探索的欲望，多人游戏时的互动体验不仅达到了学习的目的，也增进了同伴之间的情感交流。

上海市杨浦区延吉幼儿园　胡谦茹　袁　蕾

任务二　感知讲述（小班）——水果摸摸摸

活动设计说明

秋天是果实成熟的季节，随着"苹果和橘子"主题活动的开展，幼儿开始关注各种各样的水果。在谈话活动中，教师发现班级里的幼儿虽然吃过许多不同品种的水果，但都是在家人将水果切成小块后食用的，他们缺乏对水果外形、气味等整体认知的经验，甚至有些幼儿无法将部分水果的外形与自己吃过的水果联系在一起。于是，有趣的摸摸箱就这样产生了。以有趣的教具激发幼儿对常见水果的感官认识，学习看懂简单的图示，则让幼儿的学习充满趣味。

活动方案

活动设计导图

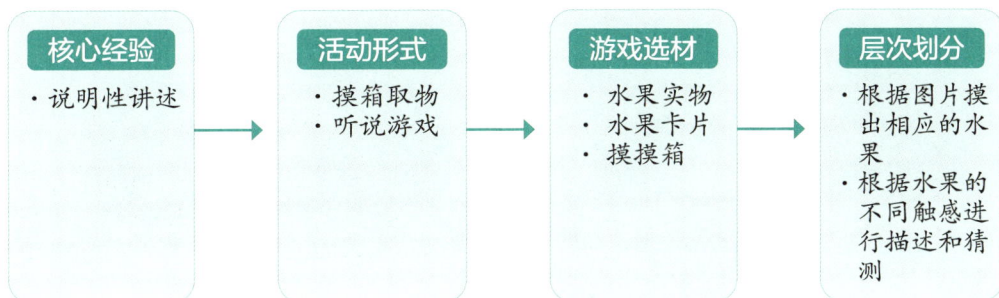

核心经验		活动形式		游戏选材		层次划分
·说明性讲述	→	·摸箱取物 ·听说游戏	→	·水果实物 ·水果卡片 ·摸摸箱	→	·根据图片摸出相应的水果 ·根据水果的不同触感进行描述和猜测

图 2-2-5　"水果摸摸摸"活动导图

材料与玩法

　　贴有水果图片的翻页展示板，摸摸箱，苹果、猕猴桃、橘子、山楂等常见水果。

　　注：提供的图片，有的是水果的切面图，有的是水果的完整图片。摸箱可以使用个别化材料箱的现成摸摸箱，也可利用纸箱自制，一面开一个便于手出入的圆形小洞（不宜过大，并盖上布帘，避免幼儿从洞中看到水果）。

图 2-2-6　活动材料（水果图片、常见水果）

　　玩法一：幼儿根据提供的图片，在摸摸箱中摸出相应的水果，说说水果的外形特征和触感。

　　玩法二：根据在摸摸箱里摸到的物品触感，猜测可能是什么水果。

　　玩法三：两人游戏，一个幼儿往摸摸箱中放入水果，请另一位幼儿猜，猜对就可以得到相应的水果作为奖励，谁的水果多谁获胜。

图 2-2-7　活动材料（摸摸箱）

图 2-2-8　玩法

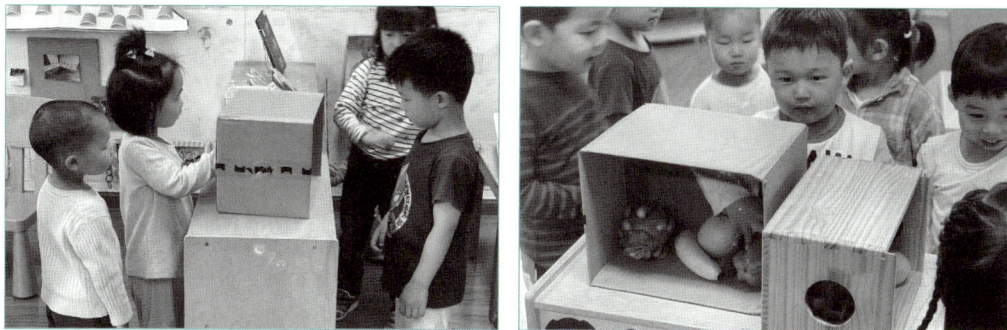

图 2-2-8 玩法（续图）

观察重点

1.幼儿是否能够运用准确的词语描述水果的外形特征和触感。

2.幼儿在游戏时是否能够遵守规则。

提示

1.活动前，教师可组织集体活动，帮助幼儿积累一些描述水果特征的词汇。

2.投放材料时，可以投放一些外形和触感具有明显特征的水果，便于幼儿感知水果的不同，水果卡片不宜过小，可以装订成册，便于幼儿翻阅。

活动反思

Q：如何给说明性讲述活动"保鲜"？

A：对于小班幼儿来说，视觉、触觉等多感官的综合运用，更能激发他们语言表达的兴趣。"水果摸摸摸"的内容来源于小班"苹果和橘子"的主题活动，为了丰富幼儿的词汇，教师寻找了各种不同外形特征和触感的水果。但在使用过程中发现，水果并不是越多越好，过多的水果反而会干扰幼儿的游戏，使幼儿只满足于水果的摆弄，而忽略了语言的描述和感知。可以每次投放 5—6 种不同的水果，定期更换，这样不但满足了幼儿的听说愿望，还能使游戏保持新鲜感，让幼儿持续游戏。

Q：如何评价幼儿的"表达"？

A：说明性讲述的核心经验中提到"能够讲述事物直观的特征"，而小班幼儿在讲述时，多使用一些短词、短句，甚至仅仅只是事物的名称，而对于事物外形特征的描述，由于词汇的缺乏、生活经验的不足，能够表达的内容还是比较少的。此时，教师不能简单地定性幼儿还不太会表达，教师要关注在幼儿表达中的引导，适当地设问、追问，例如，"苹果是什么颜色的？""味道是怎样的？"从而让幼儿对某一事物有完整的认识，拓展幼儿的经验，这个过程类似于对每一个事物进行建模，如此才是对幼儿"表达"的正确评价。我们评价的目的在于找出不足，而绝非下定义、贴标签。

上海市杨浦区延吉幼儿园　施侃琪

任务三　按序讲述（中班）——我的家

活动设计说明

家，是每个幼儿心中最温暖的港湾，家里的房间和房间里的基本陈设是幼儿最为熟悉的。提供"房间""家具用品"等个别化学习活动材料，即是为幼儿提供了情感体验与口语表达的双重媒介。幼儿在操作过程中，围绕"我的家"进行"介绍我的家""布置我的家""设计我的家"等活动，进一步了解自己的家，唤起对家的真实情感。同时，这些个别化学习活动材料紧密连接幼儿的生活经验，成为讲述的凭借物，为幼儿搭建了独立讲述的支架，帮助幼儿在介绍、说明和表达的过程中逐步积累说明性讲述的经验，获得自信心与成功感，提高口语表达能力。

活动方案

活动设计导图

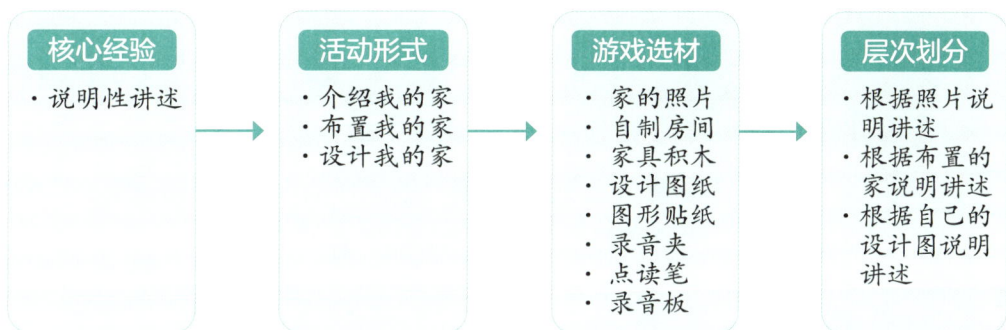

核心经验		活动形式		游戏选材		层次划分
· 说明性讲述	→	· 介绍我的家 · 布置我的家 · 设计我的家	→	· 家的照片 · 自制房间 · 家具积木 · 设计图纸 · 图形贴纸 · 录音夹 · 点读笔 · 录音板	→	· 根据照片说明讲述 · 根据布置的家说明讲述 · 根据自己的设计图说明讲述

图 2-2-9 "我的家"活动导图

材料与玩法

1. 收集幼儿家庭住房的照片，装订成"我的家"图册。

2. 家具积木，纸盒房间。

3. 录音夹、录音板、点读笔。

4. 自制设计图纸，用笔在纸上划分成数格，一个格子表示一个房间；各种图形贴纸。

图 2-2-10 活动材料（图册）

图 2-2-11 活动材料（家具积木）

图 2-2-12 活动材料（纸盒房间）

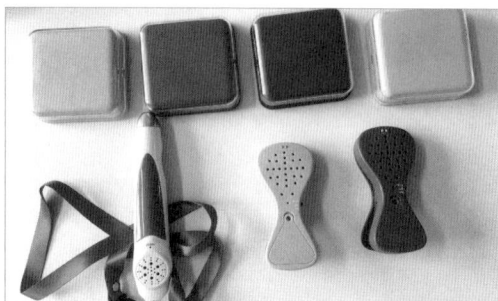

图 2-2-13 活动材料（点读笔、录音夹、录音板）

图 2-2-14 活动材料（设计图纸）

图 2-2-15 活动材料（图形贴纸）

玩法一：介绍我的家

观察"我的家"图册，对照自己家的住房照片进行介绍：我家有哪些房间？我最喜欢的是什么地方？那里有些什么？我在那里做什么？并用点读笔等电子设备录制下来。

玩法二：布置我的家

把家具积木摆放在纸盒房间内，说一说自己布置的新家：这是我布置的什么房间？房间里有什么（家具、厨具、洁具等）？它们有什么用？并用录音夹等电子设备录下来。

玩法三：设计我的家

在自制设计图纸上的每一格里，用图形贴纸组合粘贴成家具和设备，完成一个新家的设计图。介绍自己对每一个房间的设计意图，用录音板等电子设备录下来。

图 2-2-16 玩法

观察重点

1. 幼儿在介绍家时词汇运用是否恰当、语言表达是否完整。

2. 幼儿是否能按照一定的顺序来讲述。

提示

1. 在一日活动中创设多种机会，让幼儿"能讲述"。如：在自由活动中介绍自己带来的玩具，在建构活动中讲讲自己搭建的作品，在探究活动中说说探索的过程，在创意活动中分享自己的设想等。

2. 提供循序渐进的材料，让幼儿"愿讲述"。材料的提供要注意从易到难，让幼儿获得讲述的信心。如，先提供一张图片或一个房间的操作材料，引导幼儿进行介绍和说明，积累了经验后再逐步增加图片数量或操作材料的数量，提高讲述的难度。

3. 明确讲述的方法，让幼儿"会讲述"。在讲述前，可先引导幼儿思考讲述的顺序（如：按照从左到右的顺序介绍房间里的家具和物品），用图示记录后，按照图示来讲述。

活动反思

Q：为什么要在个别化讲述类活动中投放录音夹、点读笔、录音板等电子设备？

A：说明性讲述要求幼儿用独白语言有条理地介绍或说明。与一般的口语表达和交流不同，它注重的是幼儿独立地讲述。投放录音夹、点读笔、录音板等电子设备，既能及时记录幼儿讲述的内容，供幼儿本人及同伴在完成讲述后倾听，让他们体验倾听的乐趣；也有利于教师了解幼儿讲述的水平和能力，跟进指导；还能预录教师讲述的内容，为幼儿做示范；以及为同伴间相互学习、活动后进行集体的交流与分享提供便利。

上海市杨浦区延吉幼儿园　许　琴

视频 2-2

任务四　按序讲述（中班）——春天来了

活动设计说明

近期班级中进行以"春天"为主题的活动，重点在感知春天的特点，以及体验春天对动植物和人的影响。由于春天主题内容丰富，各区都会投放一些春天元素的区域材料。语言区适合结合幼儿已有关于春天的经验进行讲述活动或文学活动。

幼儿近期有走进大自然感受春天的经验，并进行了一些春天现象的提炼和总结。幼儿之前有平面镜对称的探索经验，对材料中镜面对称的使用方法比较熟悉。在说明性讲述方面，中班幼儿已经能够使用准确恰当的词汇讲述事物直观的特征或现象。

活动方案

活动设计导图

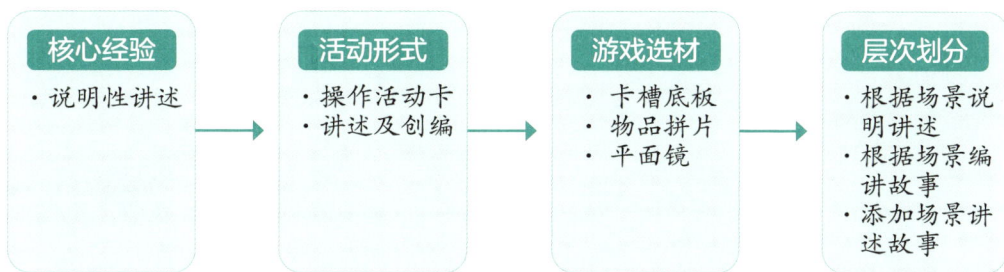

核心经验	活动形式	游戏选材	层次划分
·说明性讲述	·操作活动卡 ·讲述及创编	·卡槽底板 ·物品拼片 ·平面镜	·根据场景说明讲述 ·根据场景编讲故事 ·添加场景讲述故事

图 2-2-17　"春天来了"活动导图

材料与玩法

双面镜子和底座，可插入底座和粘贴在镜面上的图片（各种景物图片，如房子、围栏、春天的景物图片）。

注：提供的图片，有的是完整景物，有的是半片景物（可通过镜子的反射成为完整的景物）。

图 2-2-18　活动材料（景物图片）

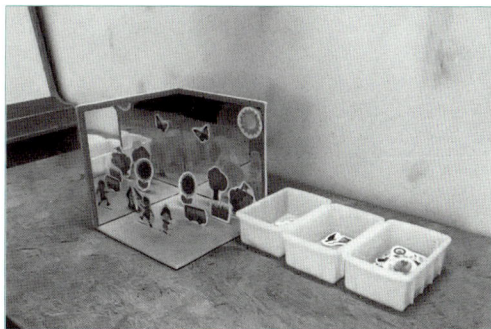

图 2-2-19　活动材料（镜子和底座）

玩法一：幼儿根据提供的图片，在镜子围成的场景中布置春天的景象，并向同伴介绍。

玩法二：根据自己布置的"春天"，讲述春天里发生的事或自编故事。

玩法三：通过自己添画的方式，布置自己心中的"春天"，增加故事中的景和物，讲述故事。

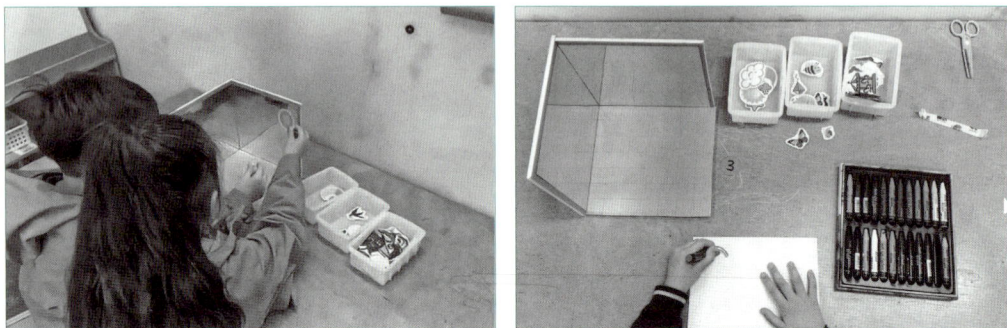

图 2-2-20   玩法

观察重点

1. 幼儿是否能够有顺序地描述自己布置的春天场景。

2. 幼儿编讲故事时，是否按照基本叙事结构讲述。

提示

1. 活动前，教师可组织集体活动，帮助幼儿形成按照一定顺序说明和介绍事物的意识。

2. 投放材料时，可将代表时间、地点、角色等类别的拼片分别放在小篮子里，让幼儿在选择拼片拼接场景时，就会意识到要分别从不同的篮子里选择拼片，意识到每个篮子里是一类要素，要从每个篮子里选择一个拼片，进行故事的编讲。

活动反思

Q：好的个别化活动设计需要注意哪些问题？

A：一个成功的个别化学习设计，可以让幼儿获得游戏体验，呈现趣味性和互动性的学习过程，这样才会显示学习的活力和魅力，学习活动才能被幼儿喜爱和接受，从而让幼儿获得知识和发展能力。

游戏玩法多样、有层次差别也是活动趣味性的延伸。不同能力水平的幼儿在操作材料时会形成或选用不同的游戏方法，同一幼儿在熟练操作材料之后，也能逐渐接受或形成新玩法。除了玩法多样，材料的投放也可形成不同层次，比如如果幼儿难以直接完成从说明性讲述到故事创编的转化时，教师可以投放用本游戏材料拼成的幼儿已知的故事情景，例如，教师可以用游戏材料拼接成"三只蝴蝶"，并拍照形成故事图卡，幼儿经过观察后就会发现，原来可以用拼片拼成故事场景来讲述，逐渐地，当他自选拼片完成场景拼接后，也能为自己拼接的场景创编故事。

Q：本次说明性讲述个别化活动的设计亮点是什么？

A：形象生动、富有趣味性的个别化学习活动，增加了幼儿动手操作的兴趣，在游戏体验中快乐地讲述，富有趣味性的操作材料，使幼儿的学习不仅是一种行为上的参与，更是一种心理上、智力上的积极互动。在本次说明性讲述活动中，教师通过镜子的提供，增添了整个活动的趣味性，不仅激发了幼儿积极参与语言领域活动的主动性，使幼儿在活动过程中尝试描述自己看到的事物特征及现象，还能够在活动中引导幼儿对科学常识（镜面对称、折射反射等）产生探索的兴趣。

上海市杨浦区延吉幼儿园　成思艺

任务五　按序讲述（大班）——十二生肖

活动设计说明

　　当大班"我是中国人"的主题活动开展到"多彩的民间活动"子主题时，班级里的幼儿对十二生肖的故事产生了浓厚的兴趣。通过听故事，他们知道了十二生肖里分别有哪些动物，明白这些动物排列的特定顺序，不能随意变换。因此，在个别化活动的语言区投放了相关材料，通过学念儿歌、动手操作等方式，引导幼儿能够依照顺序讲述十二生肖，帮助幼儿对十二生肖及相关的语言文化有进一步的了解。

活动方案

活动设计导图

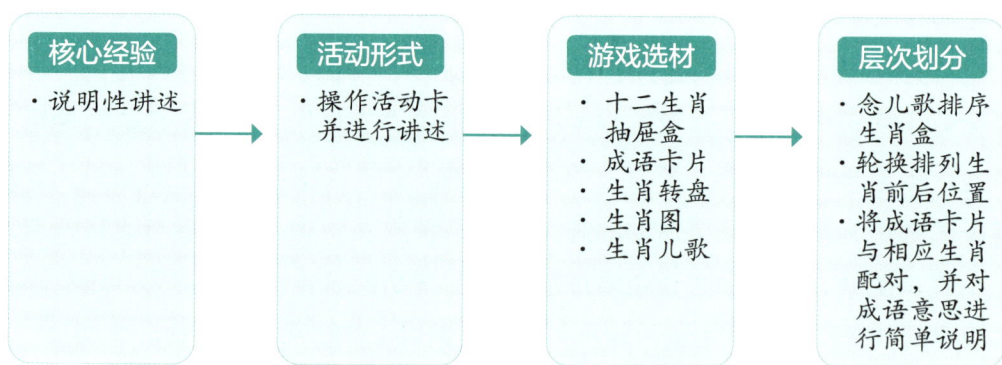

核心经验	活动形式	游戏选材	层次划分
·说明性讲述	·操作活动卡并进行讲述	·十二生肖抽屉盒 ·成语卡片 ·生肖转盘 ·生肖图 ·生肖儿歌	·念儿歌排序生肖盒 ·轮换排列生肖前后位置 ·将成语卡片与相应生肖配对，并对成语意思进行简单说明

图 2-2-21　"十二生肖"活动导图

材料与玩法

　　贴有生肖图片和卡片的纸抽屉一组，生肖儿歌图文和生肖成语若干（配点读笔），自制生肖转盘，生肖图片若干（背面贴有木夹）。

图 2-2-22 活动材料（生肖图片）

图 2-2-23 活动材料（生肖儿歌）

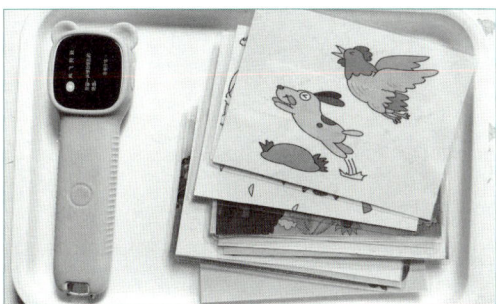

图 2-2-24 活动材料（生肖成语）

图 2-2-25 活动材料（生肖转盘）

玩法一：念儿歌，根据十二生肖顺序，为生肖抽屉排序。

玩法二：根据生肖顺序，尝试轮换排列十二生肖的前后位置，通过儿歌验证是否准确。

玩法三：根据成语卡片上的图片内容说出成语，并用点读笔验证，最后摆到对应的生肖抽屉里，并向同伴简单讲述成语含义。

观察重点

1.幼儿是否熟悉生肖排序，在操作生肖转盘时，是否能不受排列方位的影响，排出正确顺序，并通过生肖儿歌进行验证。

2.幼儿是否能根据卡片上的图画说出成语及大致含义，并放入相应的生肖盒里。

提示

1.可以在生肖转盘上事先摆放几个动物，让幼儿进行填充。

2.在幼儿熟悉生肖顺序后，通过改变规则，调整起始动物，如先从猪开始排列，让幼儿重新排序，提高难度。

3.可提供生肖成语故事音频（点读笔），让幼儿对生肖成语有进一步的理解。

活动反思

Q：在个别化学习活动中，说明性讲述活动对幼儿有哪些提升？

A：首先，说明性讲述活动可以提高幼儿的语言表达能力及记忆能力。以"十二生肖"活动为例，它不仅考验幼儿对儿歌的熟悉程度，并在实际动手操作过程中，还需要通过念儿歌进行验证。其次，说明性讲述活动可以提高幼儿的观察能力。幼儿要通过对成语卡片背后图画内容的观察，才会说出相应的成语及大致含义。这要求幼儿有相关的知识经验，教师可通过"睡前故事"环节，播放一些与生肖有关的成语故事，这样可为幼儿在对成语卡片进行说明性讲述时起到良好的铺垫作用。最后，说明性讲述活动还可提升幼儿的概述能力。幼儿在该活动区域操作一段时间后，不仅对十二生肖顺序熟记于心，还能把顺序概括出来，这就极大地提升了他们的概述能力及语言表达能力。

Q：对语言表达能力较弱的幼儿，教师如何通过个别化活动提供支持与引导？

A：说明性讲述活动对幼儿的语言表达能力有一定的要求，对于能力相对较弱的幼儿，教师要以积极鼓励的态度进行引导，可以从最简单的内容开始。比如在该活动中，能力弱的幼儿可以利用点读笔，将各个成语及其简单的意思先听懂，然后进行模仿讲述，等熟练后再向同伴讲述。通过循序渐进的方式，以及材料的辅助作用，帮助能力较弱的幼儿提升语言表达能力。

上海市杨浦区早期教育指导中心　唐春霞

任务六 详略讲述（大班）——送动物回家

活动设计说明

近期班中正进行"动物大世界"主题活动，幼儿和动物有着天生的亲密感，他们乐意走近动物、亲近动物、观察动物。在主题进行过程中，幼儿已经积累了一些常见动物的基本特征、生活习性、特殊本领等认知经验，并具备基本的分类能力，不仅会对单个动物进行细致的观察、探究，还会寻找动物之间的共同点。但如何将自己的发现和想法表达得清楚、准确，这对部分幼儿来说是一个挑战，因此教师设计了这个说明性讲述的个别化活动，引导幼儿凭借动物分类材料，构思并讲述相关内容。

活动方案

活动设计导图

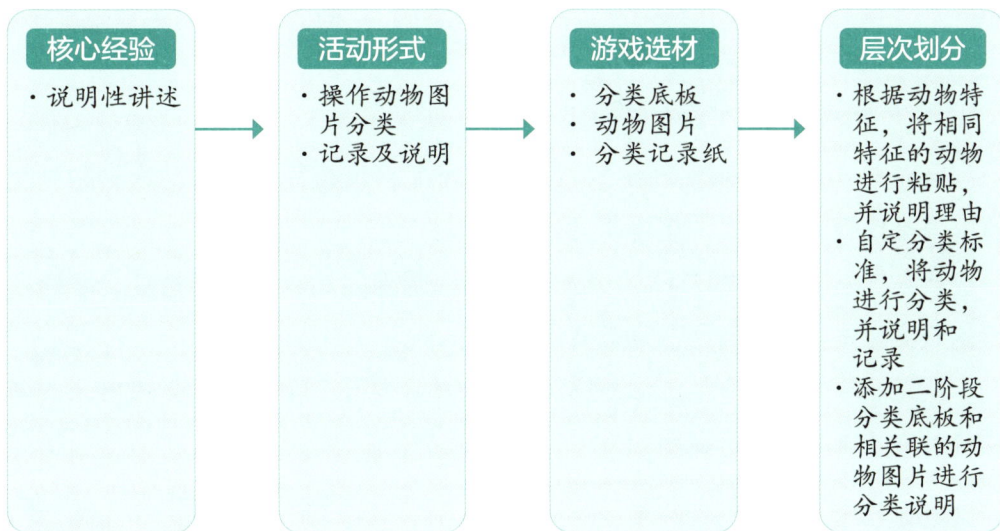

核心经验		活动形式		游戏选材		层次划分
· 说明性讲述	→	· 操作动物图片分类 · 记录及说明	→	· 分类底板 · 动物图片 · 分类记录纸	→	· 根据动物特征，将相同特征的动物进行粘贴，并说明理由 · 自定分类标准，将动物进行分类，并说明和记录 · 添加二阶段分类底板和相关联的动物图片进行分类说明

图 2-2-26 "送动物回家"活动导图

材料与玩法

两块不同形状的分类底板，常见动物图片（卵生、胎生等），分类记录纸。

注：分类底板和动物图片都是可磁吸的，幼儿可以自由选择在桌面上或者在磁吸墙上操作。

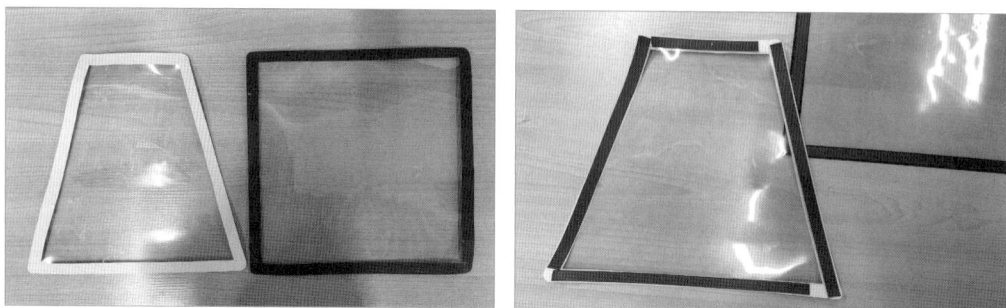

图 2-2-27　活动材料（分类底板）

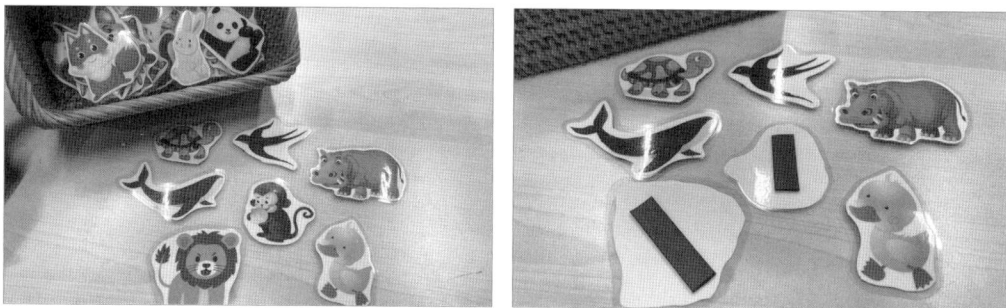

图 2-2-28　活动材料（动物图片）

玩法一：幼儿在观察动物的特征和习性后，将相同特征的动物粘贴到相应的分类底板圈内，并大胆说明理由。

玩法二：幼儿根据自己的分类，详细说明圈内动物的相同特征，表述自己的分类方法，并将自己的分类方法记录下来。

玩法三：增加二阶段分类底板，幼儿需要进行二次分类，并将自己的两次分类方法向同伴进行说明。

图 2-2-29　玩法

观察重点

1.幼儿是否能根据动物的特征、习性、本领等进行分类。

2.幼儿是否能根据自己的分类进行描述说明。

提示

1.活动前，教师可以组织相关内容的集体教学活动，帮助幼儿了解常见动物不同的特点及其与周围环境的关系。

2.可以借助一些分类游戏活动的开展，帮助幼儿形成观察比较及分类的概念。

活动反思

Q：如何利用个别化学习活动丰富幼儿的说明性讲述经验？

A：说明性讲述的经验获得能够培养和发展幼儿的逻辑思维能力，但这类语言活动需要幼儿对讲述的对象有一定的认知经验。以本活动为例，幼儿前期可以通过集体教学活动或日常信息的收集，积累一些常见动物的基本特征、生活习性和特殊本领等经验。有了前期经验的铺垫，幼儿可以在活动中边操作边讲述，也可以先操作后讲述。而教师则可以在过程中关注幼儿的语言表达是否与操作和认知相符，表述是否清晰准确，以此促进幼儿说明性讲述经验的发展。

上海市杨浦区延吉幼儿园　朱凯宇

视频 2-4

我说你猜

任务七 详略讲述（大班）——我说你猜

活动设计说明

　　大班"动物大世界"主题的内容与要求是"了解常见动物不同的特点及其与周围环境的关系，对动物奇特的现象和特殊本领感到好奇，体验探索动物世界的乐趣"。在幼儿的日常生活中，他们乐于倾听和阅读与动物有关的故事、图书，喜爱饲养小动物、参观动物园及花鸟市场等地。伴随主题活动的开展，班级幼儿也积累了一定的动物认知经验，因此在语言区投放了与主题内容相关的图片材料，并借助听说游戏的形式，鼓励幼儿结合已有经验进行讲述，以此激发幼儿讲述的积极性，体会与同伴共享经验、共同游戏的乐趣。

活动方案

活动设计导图

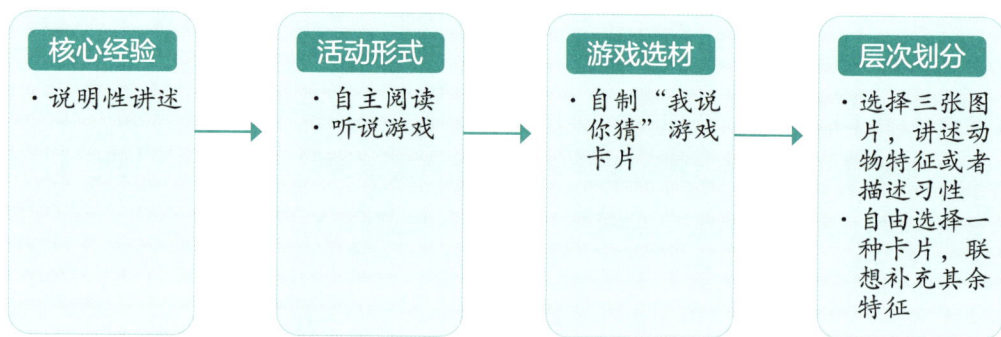

核心经验	活动形式	游戏选材	层次划分
· 说明性讲述	· 自主阅读 · 听说游戏	· 自制"我说你猜"游戏卡片	· 选择三张图片，讲述动物特征或者描述习性 · 自由选择一种卡片，联想补充其余特征

图 2-2-30　"我说你猜"活动导图

材料与玩法

　　自制"我说你猜"游戏卡片。

注：提供多样和动物有关的图片（动物的全身图片、动物局部特征图片、动物喜欢吃的食物照片、动物特殊本领照片、动物的生活环境照片等）。

图 2-2-31 活动材料（各类动物图片、笔）

玩法一：两位幼儿合作，一名幼儿选择三张卡片，根据图片提示，用语言讲述动物特征或者描述习性，另外一名幼儿猜测同伴描述的是什么动物。

玩法二：两位幼儿合作，一名幼儿选择一张卡片，根据联想补充剩余线索（例如：动物典型特征、生活习性、特殊本领），另一名幼儿根据讲述，猜测是什么动物。

观察重点

1. 幼儿在游戏过程中是否能用较准确的语句进行描述，能否大方、自信地表达。

2. 幼儿是否能遵守游戏规则，认真倾听他人的讲述，具有一定协商合作的能力。

提示

1. 教师可提供多类型、内容丰富的图片材料，提供幼儿使用丰富语句的机会，可以强化幼儿自主阅读能力，丰富幼儿对动物的认知经验。

2．环境中可创设问题墙，让幼儿对动物的好奇、各种问题能有交流的平台，教师可有意识地寻找幼儿集体经验交流的话题来源。

活动反思

Q：本次个别化学习活动在设计和组织上具有哪些特点？

A：1.幼儿活动的自主性与趣味性

在本次个别化说明性讲述活动实施前，大班幼儿已经具备了与动物相关的认知经验，能够使用说明性的语言讲述动物的特征。通过游戏的分层玩法，引导幼儿在直观捕捉图片上动物特征的基础上，给予联想和补充线索的机会，"考验"幼儿是否能用较为准确的语言描述动物的特征。

2.材料投放的多样性和便捷性

在活动材料准备中，教师投放多样动物卡片（例如：动物的全身图片、动物局部特征图片、动物喜欢吃的食物照片、动物特殊本领照片、动物的生活环境照片等），实物图片的投放不仅便于幼儿的操作，也可以让幼儿尝试自行绘制动物卡片，进一步激发了幼儿对动物探索的欲望，使幼儿体验到合作游戏的乐趣。

上海市杨浦区延吉幼儿园　方　圆

项目三　儿童文学活动

任务一　说儿歌（中班）——顶锅盖

活动设计说明

在主题活动"好吃的食物"开展过程中，为了让幼儿更好地巩固对常见食物（菜肴）的认识，知道各种食物都有营养，可以在个别化学习活动中开展"顶锅盖"的听说游戏。此听说游戏将简洁有趣且富有韵律的儿歌与民间游戏巧妙结合，通过听、说、玩，将主题的内容与要求内隐于游戏中，将幼儿对儿歌词汇的感知与获得融入同伴互动中，让幼儿在原有的生活经验上进一步拓展，在原有的口语表达上获得提高。

活动方案

活动设计导图

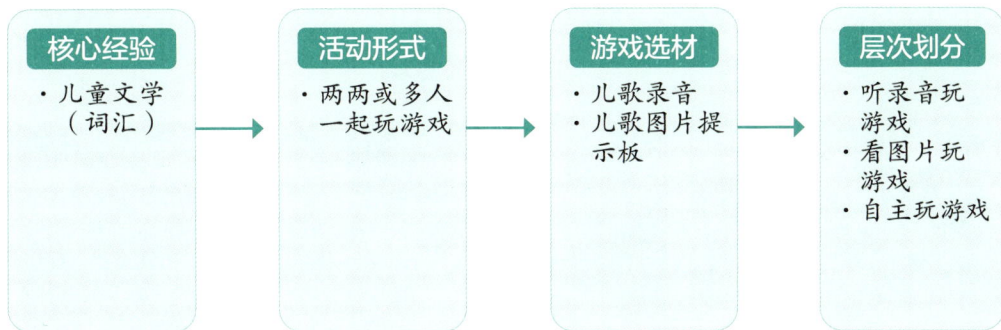

核心经验		活动形式		游戏选材		层次划分
·儿童文学（词汇）	→	·两两或多人一起玩游戏	→	·儿歌录音 ·儿歌图片提示板	→	·听录音玩游戏 ·看图片玩游戏 ·自主玩游戏

图 2-3-1　"顶锅盖"活动导图

材料与玩法

"顶锅盖"儿歌录音，"顶锅盖"儿歌图片提示板。

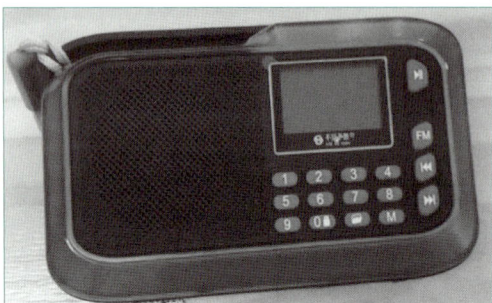

图 2-3-2　活动材料（儿歌录音）

图 2-3-3　活动材料（儿歌图片提示板）

《顶锅盖》儿歌：

> 顶锅盖，油炒菜，辣椒辣了不要怪。
>
> 噗！一口风，噗！两口风，噗！三口风。

　　游戏规则：两名幼儿或多名幼儿一起玩游戏。一名幼儿将手掌平放，手心向下做锅盖，其他幼儿伸出食指顶住"锅盖"。大家一起念"顶锅盖"儿歌，念到"一口风""两口风""三口风"时，可以对着锅盖底下吹风，增加趣味性。儿歌念完时，扮演锅盖的幼儿迅速收紧手掌去抓顶锅盖的食指，其他幼儿要立即把食指从锅盖下抽离。如被抓住，扮演锅盖的幼儿问："你炒什么菜？"被抓住的幼儿要说出一个家常菜的菜名。

　　玩法一：听儿歌录音，幼儿结伴玩游戏。

　　玩法二：看图片提示板，幼儿结伴玩游戏。

　　玩法三：幼儿结伴，一边念儿歌一边玩游戏。

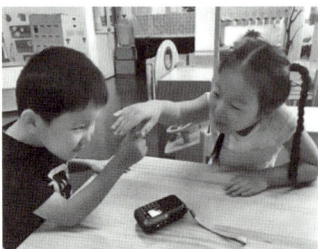

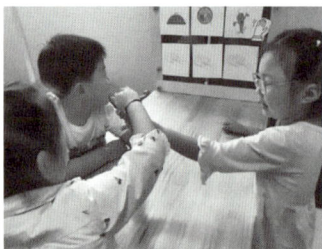

图 2-3-4　玩法

观察重点

1.幼儿是否能自信大方地朗读儿歌，发准"盖、怪、菜"等字的发音。

2.幼儿在游戏过程中是否能遵守游戏规则。

提示

1.鼓励幼儿自由选择玩伴，和同伴轮流担任"锅盖"和"顶锅盖"的角色，体验听说游戏的快乐。借助个别化活动集体交流与分享环节，对游戏规则进行讨论，帮助幼儿理解玩法。

2.针对幼儿个别字发音不准确的情况，开展个别指导。

活动反思

Q：为什么说该游戏能够帮助幼儿学习语汇？

A：在"顶锅盖"这个个别化学习活动中，准确发音，说清楚儿歌的语句，说出常见菜肴的名称等，都是口语表达方面的要求，即"说的要求"。在说完"三口风"的时候，扮演锅盖的幼儿要收紧手掌、抓住顶锅盖的食指，顶锅盖的幼儿要抽出食指、逃离"抓捕"，每一个幼儿都要及时作出反应、敏捷应对，这是"听的要求"。依托该游戏，能较好地吸引幼儿参与活动，也能实现发展幼儿听和说的能力，最终达到学习词汇的目的。

上海市杨浦区延吉幼儿园　许　琴

任务二　说儿歌（大班）——动物本领大

活动设计说明

　　本学期，班级里开展了"动物大世界"主题的系列活动，随着主题内容的拓展和生活经验的丰富，大班幼儿已经对周围环境中的动物有了一定的认知，不仅会关注动物的外形特征、生活习性等，对动物的本领、叫声等也产生了浓厚的探究兴趣。且大班的幼儿在语言发展上已经能够朗读有规律的儿歌，在日常的讲述中也能适当运用一些修饰的词汇。因此，班级的语言区中投放了动物头饰、指套等材料，幼儿可以通过与同伴互动的语言游戏，将固定的语言句式和动物的多种特征结合起来，进行创意表达。

活动方案

活动设计导图

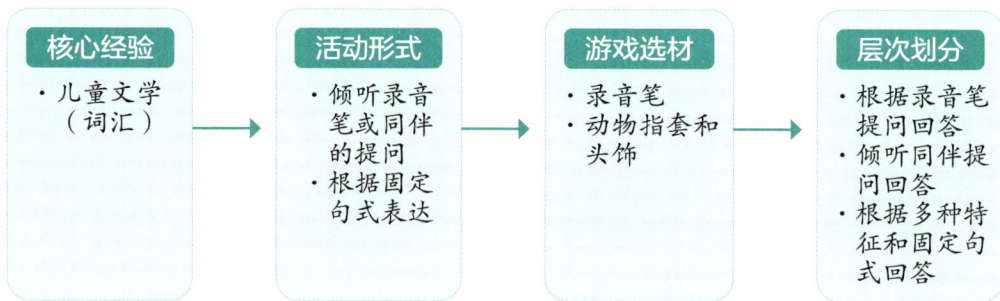

核心经验	活动形式	游戏选材	层次划分
·儿童文学（词汇）	·倾听录音笔或同伴的提问 ·根据固定句式表达	·录音笔 ·动物指套和头饰	·根据录音笔提问回答 ·倾听同伴提问回答 ·根据多种特征和固定句式回答

图 2-3-5　"动物本领大"活动导图

材料与玩法

　　录音笔，动物指套，动物头饰。

图 2-3-6 活动材料（录音笔、动物指套）

图 2-3-7 活动材料（动物头饰）

玩法一：幼儿听录音笔内容，根据录音选择相对应的动物指套并回答。

录音笔内容："开饭啦，开饭啦，饲养员请客吃饭啦！东一家，西一家，听听哪家吃饱啦？——叽叽叽"，幼儿回答"叽叽叽，叽叽叽，小鸡小鸡吃饱啦"。

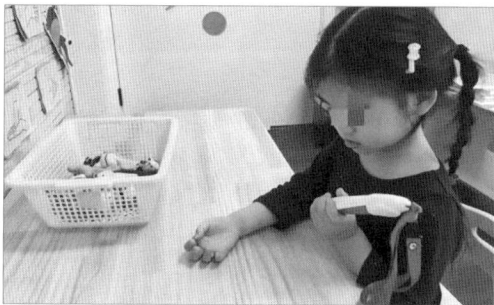

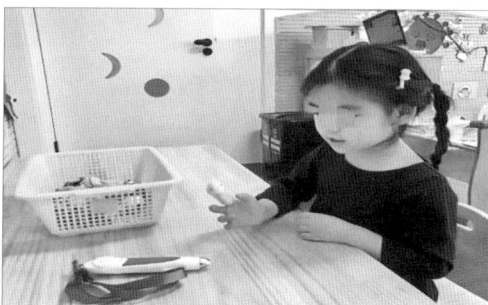

图 2-3-8 玩法一

玩法二：几名幼儿分别戴上不同的动物头饰，背靠背围成圈，共同游戏。

其中一名幼儿或老师做饲养员，其他幼儿扮演不同动物。"饲养员"说："开饭啦，开饭啦，饲养员请客吃饭啦！东一家，西一家，听听哪家吃饱啦？""饲养员"边说边把碗放到任意一个幼儿手中。被选中的幼儿根据自己扮演的"小动物"发出相对应的声音并回答："叽叽叽，叽叽叽，你们猜猜我是谁？"其他幼儿回答："叽叽叽，叽叽叽，你是小鸡叽叽叽。"被猜中的幼儿做饲养员轮流游戏。

固定句式如下：

"嘎嘎嘎，嘎嘎嘎，你们猜猜我是谁？"——嘎嘎嘎，嘎嘎嘎，你是小鸭嘎嘎嘎。

"咕咕咕，咕咕咕，你们猜猜我是谁？"——咕咕咕，咕咕咕，你是鸽子咕咕咕。

……

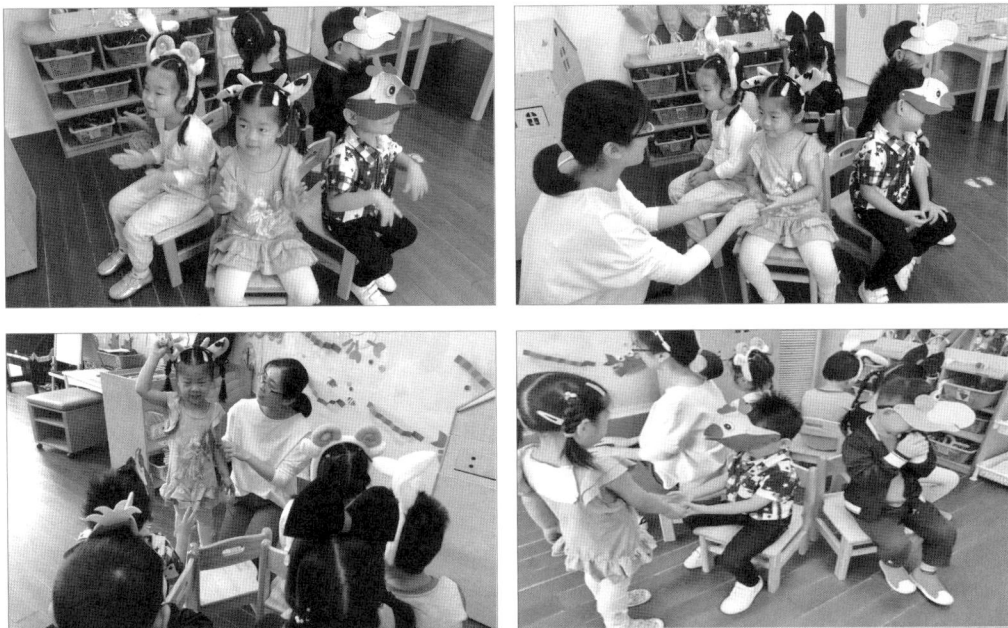

图 2-3-9　玩法二、三

玩法三：几名幼儿分别戴上不同的动物头饰，背靠背围成圈，共同游戏。

其中一名幼儿或老师先做饲养员，其他幼儿扮演不同的动物。"饲养员"说："开饭啦，开饭啦，饲养员请客吃饭啦！东一家，西一家，听听哪家吃饱啦？""饲养员"边说边把碗放到任意一个幼儿手中。被选中的幼儿根据自己扮演的"小动物"发出相对应的声音并回答："叽叽叽，叽叽叽，两条腿，有翅膀，（我在草地啄米吃），你们猜猜我是谁？"其他幼儿重复回答："小鸡小鸡叽叽叽，两条腿，有翅膀，（爱在草地啄米吃），你是小鸡叽叽叽。"

被猜中的小朋友做饲养员，重复"开饭啦……"，幼儿轮流游戏。

固定句式如下：

"嘎嘎嘎，嘎嘎嘎，两条腿，有翅膀，（我在河里吃小鱼），你们猜猜我是谁？"

——小鸭小鸭嘎嘎嘎，两条腿，有翅膀，（爱在河里吃小鱼），你是小鸭嘎嘎嘎。

"咕咕咕，咕咕咕，两条腿，有翅膀，（我在树上吃小虫），你们猜猜我是谁？"

——鸽子鸽子咕咕咕，两条腿，有翅膀，（爱在树上吃小虫），你是鸽子咕咕咕。

……

玩法四：在玩法三的基础上，幼儿用固定句式自主创编农场里其他的动物的特征。例如：小猫、小狗、青蛙、小马等。也可以把动物的声音去掉，直接通过动物的特征来猜小动物。

观察重点

1.幼儿是否能够根据不同的动物特征或生活习性（声音、腿的数量、有无皮毛、爱吃的食物、会不会生蛋等）说出相对应的动物。

2.幼儿是否能够仔细倾听提问，并根据固定句式说出动物特征，与同伴互动。

提示

1.活动前，教师可组织集体活动，帮助幼儿对常见动物的一些基本特征有初步的了解。

2.游戏时，因为存在固定句式，教师可先加入游戏，和幼儿共同游戏互动，巩固固定句式的听说练习。

3.游戏时，不同玩法的难度层次性不同，可根据幼儿的个体差异和能力差异，适当地增减固定句式里的特征项，以帮助幼儿更好地开展游戏。

活动反思

Q：对该游戏组织开展的建议有哪些？

A：首先，在开展"动物本领大"这个游戏时，因为存在固定句式，教师可先加入游戏，一方面帮助幼儿熟悉游戏规则，另一方面帮助幼儿巩固固定句式的练习，待幼儿逐步掌握游戏玩法后，再放手让幼儿独立进行游戏。

另外，在开展这个游戏的过程中，幼儿之间的协商和固定句式的复述有一定的难度，所以教师的适时引导和游戏难度的选择就显得尤为重要。所以在这个游戏中，教师提供了多种难度层次的玩法供幼儿选择。可能在游戏一开始会存在卡壳或者中断的情况，但随着幼儿年龄的增长和语言能力的不断提高，幼儿参与游戏的熟练度会不断增强。

上海市杨浦区延吉幼儿园　朱润宇

视频 2-5

树叶

任务三　说散文（中班）——树叶

活动设计说明

秋天到了，教师带领幼儿到学校附近的街道、公园欣赏秋天的景色，感受秋天的美好意境。其中令幼儿印象最深刻的是树上的叶子逐渐变黄与飘落。由此，结合主题"在秋天里",教师设计了本次个别化学习活动。《树叶》是学习活动用书中的一首优美并富有情趣的散文,借用拟人化小动物的语言,对树叶进行了丰富的想象和比喻,能让幼儿更好地感受和理解散文中的修辞语言,进而尝试创编。

活动方案

活动设计导图

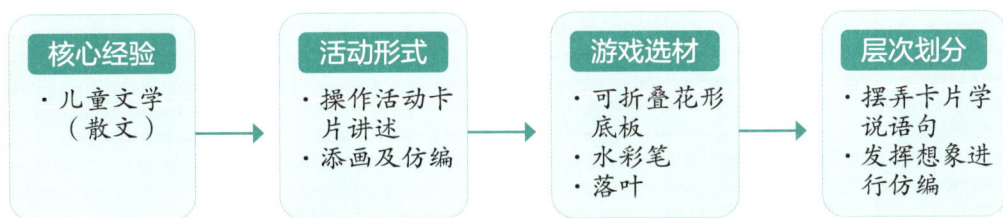

图 2-3-10 "树叶"活动导图

材料与玩法

可折叠的花形底板若干,水彩笔,落叶若干。

注:有的底板的每片花瓣上都印有散文中相关事物的图片,有的印着散文未提到的小动物图片,还有的可以留白。

图 2-3-11 活动材料(花形底板)

玩法一:将印有故事图片的花形底板花瓣合拢,幼儿根据已经听过的散文《树叶》内容,边操作打开花瓣,边根据图片内容讲出散文中的语句内容。

玩法二：把花瓣合拢，幼儿边打开，边根据想象在图片上小动物的任意位置摆放树叶，并尝试根据散文中的语句进行仿编。

玩法三：在空白的花瓣上进行想象添画，随后合拢花瓣，再边操作边根据图片用散文里的语句形式仿编句子。

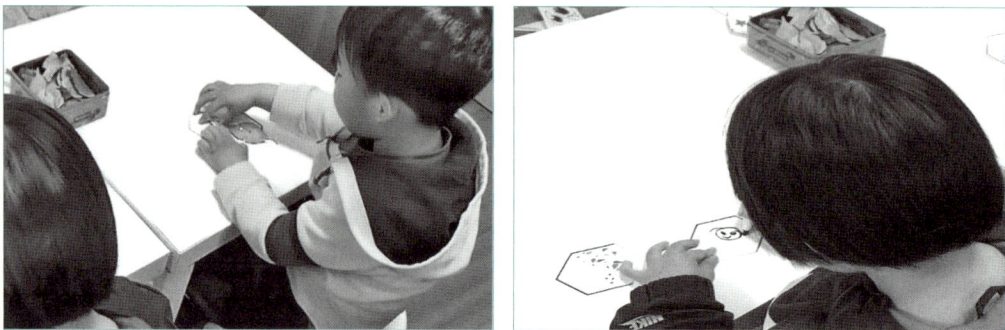

图 2-3-12　玩法

观察重点

1.幼儿是否能够边操作材料边用散文里的语句进行讲述。

2.幼儿是否能根据新的图片学习散文语句的仿编。

3.幼儿能否在空白的花瓣上进行简单的添画，并尝试仿编。

提示

1.活动前，教师可组织户外集体活动，带领幼儿感受和了解秋天的景色，引发其对落叶的观察与想象。同时，大家一起捡拾回来的落叶也可以洗净作为操作材料使用。

2.还可以投放录音笔，让幼儿边操作边录制自己的声音，既能激发幼儿的讲述兴趣，又能起到自评和互评的效果。

活动反思

Q:　为什么要使用花形的底板作为此次个别化活动的操作材料？

A:　幼儿喜欢在操作摆弄中进行学习和游戏活动。将底板设计成花朵的形状，并让他们边说边打开花瓣，可以更好地激发幼儿的活动兴趣。一片花瓣代表一个句子，具有很好的提示作用，有利于幼儿更快地掌握散文的语句。同时，中班幼儿具有丰富、生动的想象力，花朵的形象更容易让他们与大自然进行联系，帮助他们更好地投入到散文的情境中去。

上海市杨浦区延吉幼儿园　陈　靓

视频 2-6

云彩和风

任务四　说散文（大班）——云彩和风

活动设计说明

散文《云彩和风》选自大班主题"春夏和秋冬"，这是一首充满童趣的作品。拟人化的语言、相同的句式，很容易就能让幼儿理解，文中生动形象地描绘出云彩被风吹啊吹，变成了各种有趣的形象，一会儿变成小白船，一会儿变成大狮子，一会儿变成胖娃娃，而除了这些幼儿熟悉的形象以外，还可以变成什么呢？这给予了幼儿很大的文学想象空间。因此，教师设计了本次个别化学习活动，通过自制绘本的形式，让幼儿在操作中感受并叙述云彩的变化过程，从而体会散文所描绘的意境美。

活动方案

活动设计导图

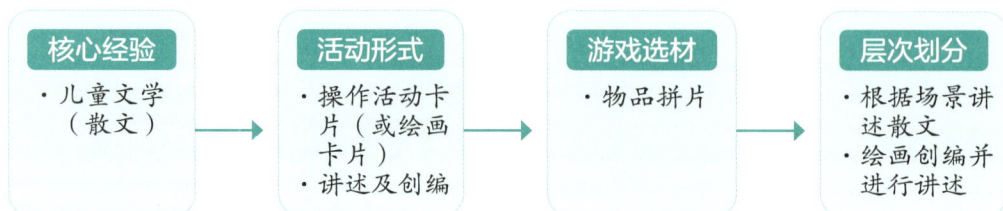

核心经验		活动形式		游戏选材		层次划分
·儿童文学 （散文）	→	·操作活动卡 片（或绘画 卡片） ·讲述及创编	→	·物品拼片	→	·根据场景讲 述散文 ·绘画创编并 进行讲述

图 2-3-13　"云彩和风"活动导图

材料与玩法

　　场景图片，白色卡纸，固体胶，炫彩棒。

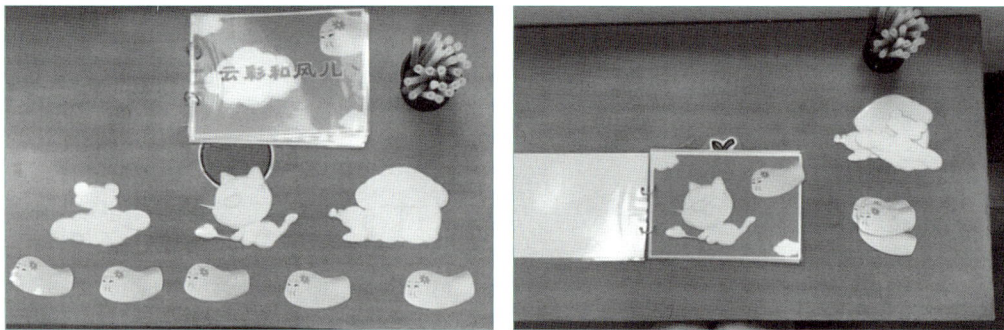

图 2-3-14　活动材料（场景图片、白色卡纸、炫彩棒）

　　玩法一：幼儿根据提供的图片，摆放云朵图片，讲述图片内容。

　　玩法二：根据散文顺序摆放图片，讲述《云彩和风》。

　　玩法三：大胆想象，自行绘画添加散文外的其他内容，讲述天上的云彩怎么有趣，天上的风儿怎么能干。

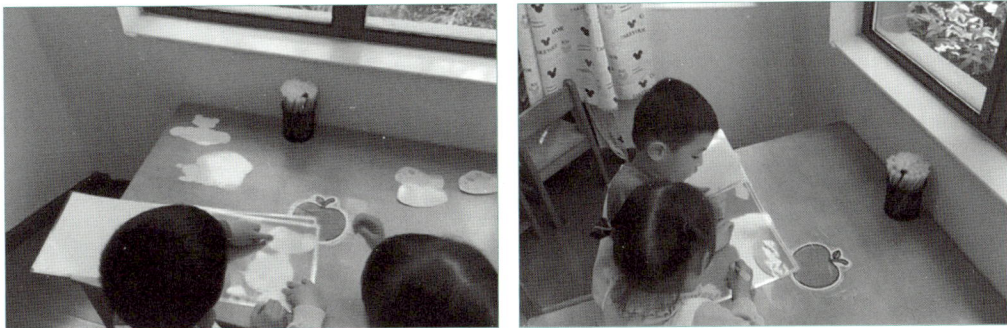

图 2-3-15 玩法

观察重点

1. 幼儿能否专注、持久地完成图片的拼搭，是否能清晰连贯地叙述散文内容。

2. 幼儿创编时，是否按照基本叙事结构进行讲解。

提示

1. 当幼儿摆放图片时，引导幼儿一边摆放一边说一说。

2. 幼儿叙述时可以引导幼儿使用一些散文中的句式，如："吹呀吹，云彩变成……"

3. 幼儿叙述时，鼓励幼儿说一说云彩是如何变化的，激发幼儿的想象力。

活动反思

Q：在个别化语言文学活动中，教师应如何指导幼儿？

A：教师在个别化活动中担任着观察者、支持者和合作者的角色，除了在活动中给幼儿创设一个宽松愉快、想说、敢说的语言环境。还可以利用观察记录表、照片、录音等多种方法对活动中的幼儿进行观察记录。这样不仅可以观察幼儿在文学表达时的意愿及结构的完整性，还可以依据幼儿的表现对活动材料进行增减，也可以让教师更有针对性地对幼儿进行叙事引导。切忌过程中打断幼儿或者急于引导幼儿使用材料，应给予幼儿充分的探索和讲述的时间和空间，但在活动结束后，教师应进行后续的跟进引导和评价。

上海市杨浦区延吉幼儿园　袁　颖

项目四　早期阅读活动

任务一　培养阅读习惯（小班）——胖熊吹气球

活动设计说明

在小班"我的幼儿园"主题活动目标中提到："乐于参加集体活动，体验幼儿园生活的快乐，能遵守简单的集体规则。"主题活动的开展，帮助幼儿积累与同伴一起玩的经验，同时，在日常生活中观察到小班幼儿在阅读时喜爱盲目地快速翻阅，有时也会跳页阅读。因此借助"胖熊吹气球"这个故事，通过听听、看看、找找、说说的形式，引导幼儿养成逐页翻阅图书的良好习惯。

活动方案

活动设计导图

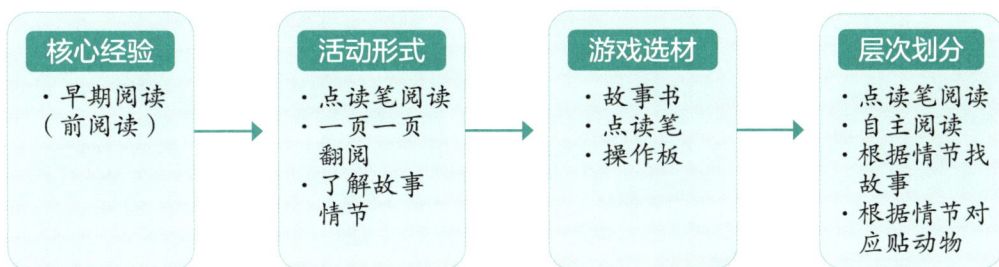

核心经验		活动形式		游戏选材		层次划分
·早期阅读（前阅读）	→	·点读笔阅读 ·一页一页翻阅 ·了解故事情节	→	·故事书 ·点读笔 ·操作板	→	·点读笔阅读 ·自主阅读 ·根据情节找故事 ·根据情节对应贴动物

图 2-4-1　"胖熊吹气球"活动导图

材料与玩法

故事书，点读笔（事先按页录制好故事内容），耳机，小夹子书签，故事小图片，操作板。

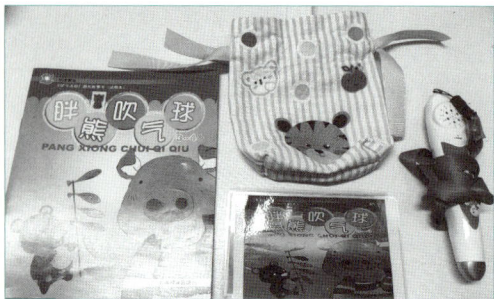

图 2-4-2   活动材料（点读笔、书）

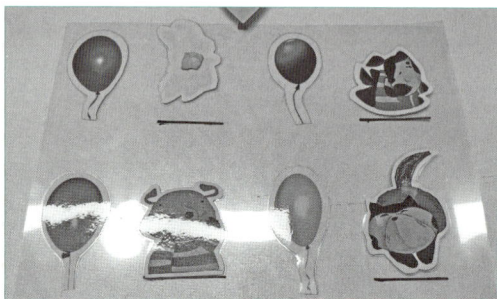

图 2-4-3   活动材料（故事图片）

玩法一：幼儿根据自己需要，自主翻阅图书。

玩法二：使用点读笔一页一页翻阅图书。

玩法三：在盲盒里抽取故事图片，自己寻找在哪一页（阅读中间需要停止时可以在页面里插上小书签）。

玩法四：根据故事情节给小动物们按颜色摆放相对应的气球。

图 2-4-4   玩法

观察重点

　　1.幼儿是否能够基本掌握图书的翻阅规则,知道从前往后,一页一页翻阅。

　　2.幼儿阅读时是否能寻找到对应故事情节的图书页面。

提示

　　1.活动前,教师可组织集体活动,帮助幼儿简单了解故事情节。

　　2.开展活动时,教师可以在旁边适当提示不同的操作方法。

活动反思

　　Q:　这个关于早期阅读的个别化学习活动的亮点是什么?

　　A:　小班幼儿的个别化语言活动要充分考虑幼儿的年龄特点。立体的、色彩鲜艳的、有声的、能互动操作的一些图画书,能很好地激发幼儿阅读的兴趣。在这个活动中,利用点读笔一点就能播放的功能,幼儿可以边翻阅图书,边倾听故事情节,多种操作方法能让不同能力的幼儿得到满足,幼儿也通过与操作材料的充分互动,逐步养成良好的阅读习惯,形成规范的阅读行为。

上海市杨浦区延吉幼儿园　　应　　敏

视频 2-7

农场
故事多

任务二　理解阅读内容（中班）——农场故事多

活动设计说明

　　中班幼儿正在开展"在农场里"这一主题。"农场"对幼儿来说是个陌生的环境，但农场里的家畜及家禽是幼儿喜闻乐见的，他们喜欢与之为伍，会与它们对话……对幼儿来说，农场里的动物们既有趣又神秘。但仅仅了解小鸡、小羊等动物的名字，知道它们的生活习性，已经远远不能满足中班幼儿的好奇心。因此，通过"在农场里"主题中的个别化学习活动，引导幼儿更多了解农场里的动物，探索发现家禽、家畜之间互相依存、互相联系的生存状态，从而感受到动物是人类的朋友，人和动物更应该和谐相处。

活动方案

活动设计导图

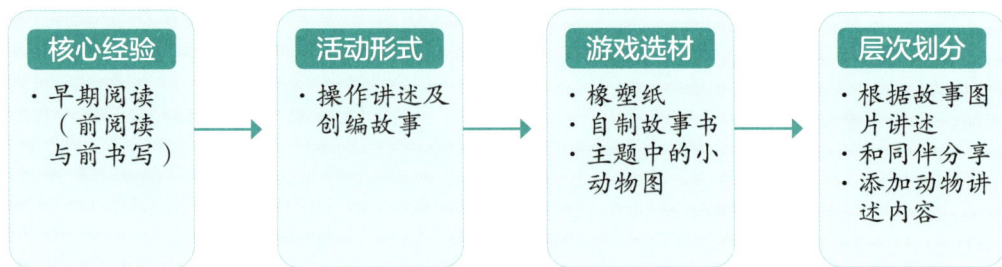

核心经验	活动形式	游戏选材	层次划分
·早期阅读（前阅读与前书写）	·操作讲述及创编故事	·橡塑纸 ·自制故事书 ·主题中的小动物图	·根据故事图片讲述 ·和同伴分享 ·添加动物讲述内容

图 2-4-5　"农场故事多"活动导图

材料与玩法

橡塑纸，故事图片，空白纸张，彩色铅笔，塑封动物图片。

玩法一：幼儿根据提供的图片，通过图文提示，理解书中内容。

玩法二：和同伴一起，两两互选，阅读后分享交流。

玩法三：通过自己添画的方式，选取动物图片，把自己对动物的了解画出来。

图 2-4-6　活动材料（自制故事书）

观察重点

1.幼儿能否阅读图文书籍，并通过想象来理解书的内容。

2.幼儿是否愿意在同伴面前讲述故事内容。

提示

1.活动前，教师可组织相关主题的集体活动，让幼儿对动物的特征和生活习性有一定的了解，创设相关的主题环境墙面。

2.投放材料时，制作相关主题内容的动物图片，引发幼儿思考。

活动反思

Q：如何把握个别化学习活动的生成性与过程性？

A：生成性指开展个别化学习活动时，活动过程和结果不容易掌握，总是处于动态生成的状态，具有很大的不确定性。过程性，即教师需要关注幼儿活动过程中的行为表现，并及时记录，选取较为典型的案例，待活动结束后及时与幼儿进行分享。以此次个别化早期阅读活动为例，教师可以在活动中对幼儿进行充分的观察，不仅可以观察幼儿阅读图书的过程，也可以倾听幼儿与同伴的分享交流，以此判断幼儿对于图书内容的理解和语言表达的程度，进而提供后续的相应调整和有效支持。

上海市杨浦区延吉幼儿园　陈旭婕

任务三　运用阅读策略（大班）——动物书吧

活动设计说明

　　随着"动物大世界"主题活动的开展，幼儿对动物产生了浓厚的兴趣。"动物大世界"主题的核心经验关键词为："爱护动物、喜爱探究"、"动物习性"（特征与环境、生长与变化等）、"奇特现象"（动物趣事、奇特动物、特殊本领等）和"依存关系"（动物与动物、动物与人的关系）。即对于大班幼儿，重点在于了解动物的生活习性、奇特现象和特殊功能，理解动物与环境、与人的相互关系。大班的幼儿前期已经积累了一定的阅读经验，能够理解书中的图片和少量文字，并且能够用图画、符号、录音等方法来进行记录和表达。因此，结合主题及早期阅读的核心经验指向和幼儿的需求，在语言区投放了各类与动物相关的书籍，请幼儿在自主阅读的同时，进行记录和表达。

活动方案

活动设计导图

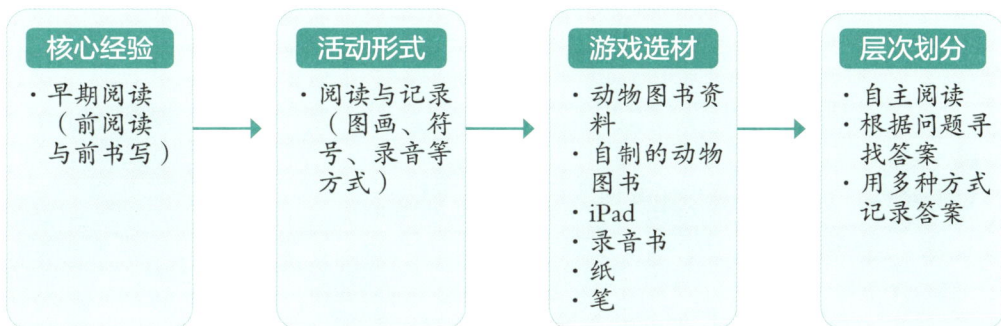

核心经验	→	活动形式	→	游戏选材	→	层次划分
· 早期阅读（前阅读与前书写）		· 阅读与记录（图画、符号、录音等方式）		· 动物图书资料 · 自制的动物图书 · iPad · 录音书 · 纸 · 笔		· 自主阅读 · 根据问题寻找答案 · 用多种方式记录答案

图 2-4-7 "动物书吧"活动导图

材料与玩法

师生共同搜集的动物图书资料、自制的动物图书、iPad、录音书、纸、笔。

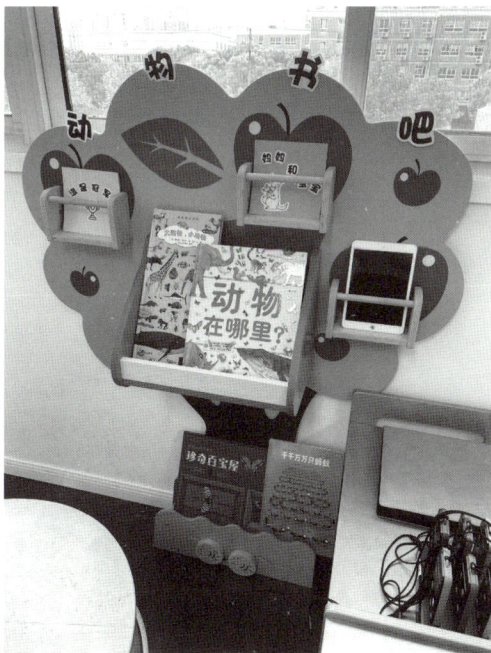

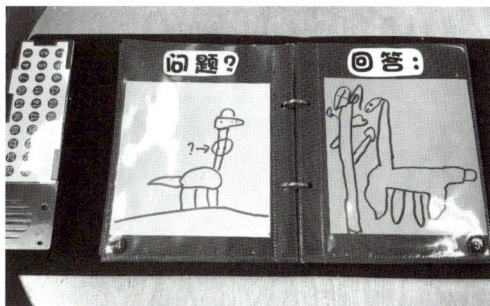

图 2-4-8 活动材料（动物图书、资料）

图 2-4-9 活动材料（录音书、纸、笔）

玩法一：幼儿根据兴趣选择动物图书或视频，自主阅读、观看。

玩法二：幼儿根据录音书中老师或同伴感兴趣的问题，借助书籍或视频寻找、探索答案，并用图画、符号、录音等方式将答案记录下来。

玩法三：幼儿主动提出新问题并进行记录，请同伴寻找答案。

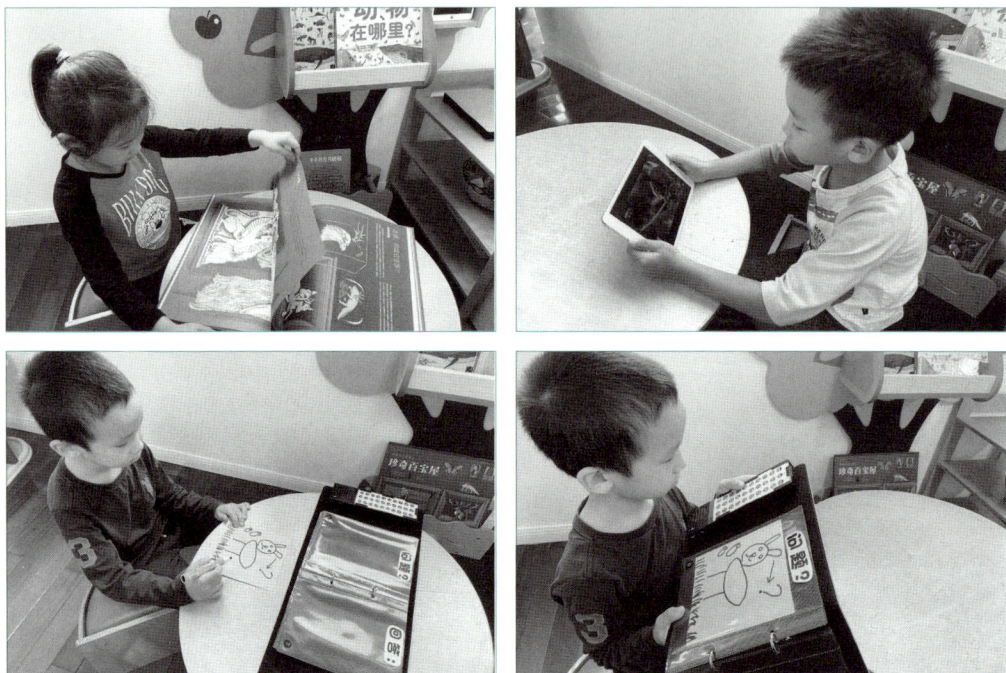

图 2-4-10　玩法

观察重点

1. 幼儿喜欢的动物书籍有哪些，阅读中产生的问题主要指向哪些方面。

2. 幼儿根据问题查找信息的能力如何，如何记录找到的信息。

3. 幼儿的语言表达能力如何，包括说明画面、清楚地提问等。

提示

1. 教师可以通过日常谈话、集体活动等了解幼儿感兴趣的动物，投放相应的书籍。

2. 可根据幼儿不断发展的兴趣，利用来自幼儿家庭的图书、自制书以及视频等充实资源。

3. 通过录音书提出问题，激发幼儿进一步探索动物的兴趣。

活动反思

Q: 为什么要在语言区设计并组织这样的阅读活动？

A: 教师有计划、有目的、有组织的早期阅读活动，向幼儿提供了自主阅读的环境，这将产生不同于幼儿在家自学的效果。在这样的个别化早期阅读活动中，教师利用适宜的材料，即幼儿感兴趣且适合幼儿阅读的图书，与幼儿之间产生相互作用，提高幼儿参与阅读的积极性，帮助幼儿获得最佳的早期阅读效果。幼儿可以在个别化学习活动中自主阅读，还可以通过记录、借助符号来表达自己的发现、表现自己的想法，达成与同伴、与教师之间的互动。与此同时，教师还能够通过观察，发现幼儿的阅读需要，并提供相应的支持。这些对促进幼儿的语言发展都具有重要的价值。

Q: 在早期阅读活动中如何促进幼儿的表达与表现？

A: 在早期阅读的核心经验中，包含幼儿前阅读、前识字和前书写经验的建立。因此，教师不仅要创设适宜幼儿自主阅读的环境，还要促进幼儿更多的表达与表现。活动中设计了幼儿记录的部分，通过回答同伴的问题、提出新问题来促进幼儿用多元的方式进行记录。幼儿可以通过图画、符号将自己的发现表达出来，还可以通过录制自己的声音，将自己的想法用语言来表现。由此，让幼儿在活动中学会运用多元的方式进行表征，从而进一步促进幼儿的表达和表现。

上海市杨浦区延吉幼儿园 邹 琼

渗透一日生活
各环节的活动设计

渗透一日生活各环节的活动是指在幼儿园一日生活中，教师可基于幼儿语言发展的现状，选取相对特定的环节或时间开展的语言互动活动，具有明确的互动内容和互动方式。本模块所呈现的活动均源于日常实践，可供参考，对于不同阶段的幼儿语言能力培养也可产生积极的促进作用。

项目一　日常谈话活动

音频 3-1

任务一　教师主导（小班、中班、大班）——我来啦

活动设计说明

对于新小班的幼儿来说，周围的一切都是陌生的，陌生的环境、不熟悉的同伴都会加剧幼儿的焦虑情绪，如何帮助幼儿尽快适应周围的环境，熟悉同伴和老师，是小班幼儿入园适应期内教师需要重点解决的问题。而对于中、大班幼儿来说，点名活动，为他们搭建的是一个展示、交流的平台，在点名活动中通过各种形式和内容介绍自己，进行回应，对幼儿大胆表达、完整表述都大有裨益。

图 3-1-1　我来啦

活动流程图

活动名称
我来啦

核心经验
良好的倾听习惯与能力

活动准备
班级幼儿的名单,选择幼儿情绪稳定、安静的时候进行活动

活动过程
教师可以选择不同的点名方式开展活动,幼儿通过回应大胆进行自我表达

小班
教师以"×××妈妈找×××宝宝"的游戏形式说出游戏规则,例如"我是鸭妈妈,我来找我的鸭宝宝,当我叫到鸭宝宝名字的时候,请你跟大家说……",动物的名字可以每日更改,保持幼儿参与游戏的趣味性。幼儿说的内容可以根据教师近期希望幼儿掌握的礼貌用语随时调整

中班
进入中班后,点名的形式可以适当拓展,例如以有节奏的伴奏,让幼儿和着音乐说出"我是×××",在点名的过程中融入节奏学习元素

大班
对于大班幼儿要尽量放手,鼓励幼儿自主选择点名的方式,例如"提问"—"回答"的形式,教师问:"你最喜欢什么颜色?"幼儿回答:"×××最喜欢的是××色。"问题的切换,可以让幼儿有更多表达

图 3-1-2　"我来啦"活动流程图

提示

1.寻找幼儿感兴趣的元素融入点名环节，如动物、玩具、颜色等等。小班的点名活动要有情境性，而中、大班可以适当给予挑战，鼓励幼儿在点名时更积极开口，大声表达。

2.在小班幼儿入园适应期时，教师还可以引导幼儿学一学小动物的叫声，对教师的点名适时地作出回应。例如，老师说："猫妈妈找猫宝宝，xxx 来了吗？"幼儿回答："喵喵喵，我来啦！"或者"喵喵喵，大家好！"

3.当幼儿逐渐适应幼儿园的生活后，为了帮助幼儿更快地熟悉和了解自己的同伴，我们在晨间点名时，可以鼓励幼儿与同伴打招呼："xxx，早上好！"同时，教师也可以引导幼儿找一找缺席的幼儿，如："我们一起来找一找，看看今天谁没有来？"聊一聊他没有来的原因，了解一些基本的常识，如："他感冒了，要在家里休息。""她去打预防针了，需要休息一天。"等等。

活动反思

Q：如何保持晨间点名活动的有趣性，吸引幼儿关注和参与？

A：在日常的教育教学中，教师要注意观察自己班级幼儿的发展变化，根据幼儿认知发展规律及其近期关注热点的不同来调整点名时的不同情境和方式。从刚开始学学动物的叫声和动作到大方热情地与同伴打招呼；从找一找今天谁没有来到数一数今天班级里来了几位小朋友；从说说"他为什么没有来？"到"明天谁有事情要请假？"，这些都是幼儿不断适应幼儿园的生活，逐步表达自我、关心同伴的表现。同时，这样的语言活动也在不断地激发和促进幼儿的自我表达和认知发展，也会促进幼儿的社会性交往，具有很大的教育教学价值。

Q：如何在晨间点名活动中培养幼儿的倾听习惯？

A：小班幼儿的自我中心特点决定了在任何集体活动环节，他们的倾听质量是比较差的。他们的倾听习惯还未形成，因此教师要通过各种形式激趣，在鼓励他们大胆表达的同时，引导幼儿遵守一定的规则，安静倾听。中、大班幼儿开始乐于表达，此时，要建立幼儿正确的谈话、交流习惯，教师可以适时地进行回顾性提问，如"刚刚他说了什么？""你听到了什么？"等，幼儿做出回答后，教师适时给予鼓励，让幼儿带着任务去倾听，才能让幼儿在谈话活动中习得更完整的学习经验，即倾听和表达是密不可分的。

上海市杨浦区延吉幼儿园　施侃琪

任务二　随机生成（小班）——来园一句话

活动设计说明

　　进入"小司机"的主题学习后，幼儿了解了常见车辆的不同外形，对各种交通工具也非常感兴趣。来园路上通过结合班级里的交通工具背景墙，引导幼儿关注自己来园的交通工具，以及来园路上的趣事，体验车辆给我们带来的方便，激发幼儿对身边事物初步的观察兴趣和能力。在语言经验上，幼儿已经初步了解自己每天乘坐的交通工具，并愿意与同伴或者教师进行交流，有着对身边事物观察和表达的兴趣，愿意在集体面前大胆表现。

图 3-1-3　来园一句话

活动流程图

活动名称
来园一句话（小班）

核心经验
初步运用谈话策略
良好的倾听习惯与能力

↓

活动准备

"来园的交通工具"墙面（墙面有幼儿园周围的基础设施与道路），常见来园交通工具，幼儿照片插牌

↓

活动过程

1. 幼儿来园后找出自己的照片插入相对应的交通工具，鼓励幼儿和同伴交流各自的来园方法，找一找和自己来园交通工具相同的好朋友

2. 一段时间后，在鼓励幼儿关注来园交通工具的基础上还可以观察来园路上有什么有趣的事情发生。谈话的话题可以是通过集体谈话或者个别交流分享的自己的来园趣事，还可以是结合季节说说自己来园路上的发现

3. 当幼儿在与同伴进行交流互动后，教师可以和幼儿进行预约，鼓励幼儿在集体面前进行分享

4. 讲述过程中，教师可以通过录像留下影像资料，并将视频投放在区角中供幼儿观看，引导幼儿关注、倾听他人的讲述。也可以投放录音笔，幼儿可以自己录制，其他的幼儿可以听取录音，激发幼儿观察事物和表述的兴趣，锻炼幼儿的表达表述能力

图 3-1-4 "来园一句话"活动流程图

图 3-1-5 "来园的交通工具"墙面

提示

　　1. 小班幼儿的描述能力和语言表达能力较弱，提供可以互动的墙面，通过墙面的图示帮助幼儿进行讲述。

　　2. 在开始分享来园趣事前可以通过集体活动、观看录像等形式激发幼儿关注来园路上的趣事。

活动反思

　　Q：为什么选择"来园一句话"这个主题？

　　A：《幼儿园教育指导纲要（试行）》中指出，幼儿语言的发展与其情感、经验、思维、社会交往能力等其他方面的发展密切相关。因此，发展幼儿语言的重要途径是通过互相渗透的各领域的教育，在丰富多彩的活动中去扩展幼儿的经验，提供促进语言发展的条件。

　　幼儿观察周围的各种事物时，不仅能扩大他们的内心世界，丰富他们的想象力，满足他们的求知欲，而且当幼儿置身于丰富多彩的客观环境时，会产生一种强烈的愿望，想知道：这是什么？有什么用？这就引起了幼儿表达讲述的愿望和要求。幼儿一般是用语言来进行思维的，同时又是运用语言来把思维的结果表达出来的。"来园一句话"就是用幼儿身边的事物打开孩子们的话题，让幼儿言之有物，在活动中有目的地发展幼儿语言表达能力，有意识地引导幼儿开展丰富的联想和想象，使幼儿在环境的熏陶中，自然地感受到语言的魅力，提高幼儿的倾听能力，也便于幼儿间的相互学习，从而丰富和积累词语、语境的表达。

上海市杨浦区延吉幼儿园　朱凯宇

音频 3-2

节日愿望

任务三　幼儿主导（中班）——节日愿望

活动设计说明

　　幼儿园通常会结合节日举办一些大活动，让幼儿了解和体会每个节日的意义，幼儿也可以通过多种渠道，了解不同的节日，体会过节的快乐。活动前需要在班级中提前进行一定的互动，以便更清楚地了解部分节日，交流这些节日是为谁过的，怎么过的，有什么愿望等内容。

　　中班幼儿已经有了一定的语言表达能力，也具备基本的社会交往能力，会主动谈起身边经历的特殊事件，愿意与同伴分享交流一些自己的体会和愿望。

图 3-1-6　节日愿望

活动流程图

活动名称
节日愿望（中班）

核心经验

初步运用谈话策略
良好的倾听习惯与能力

↓

活动准备

彩色纸，笔，图片(节日习俗、食物)，幼儿过节照片，录像，录音笔，幼儿收集的物品等

↓

活动过程

1. 围绕"寒冷的冬天"主题墙，幼儿讨论新年里送礼物、堆雪人、新年的愿望、压岁红包等等

2. 教师以节日为话题，引导幼儿开展谈话活动。通过提问——你知道有哪些节日？人们有什么风俗习惯？你知道这个节日是怎么来的吗？你喜欢这个节日的理由是什么？你最想在这个节日中收获什么心愿？引导幼儿介绍自己所知道的节日

3. 针对不同的节日，交流这一系列问题，让幼儿了解不同节日的意义，并在谈话环节中让幼儿自主介绍他所理解的节日

4. 准备一面节日心愿墙，看看孩子节日的愿望是什么。好朋友之间也可以互相了解，满足对方的小小心愿

图 3-1-7 "节日愿望"活动流程图

提示

1. 幼儿通常对儿童节、春节这些他们体会比较深刻的节日介绍得比较丰富。在这些节日中，幼儿获得礼物、糖果、压岁钱。在幼儿介绍的过程中，教师可以帮助幼儿回忆过这些节日的快乐体验，以及下一次还有什么更美好的心愿。

2. 如遇到介绍时幼儿表现紧张，或者说得比较少时，比如介绍母亲节、父亲节，教师可以引导幼儿回忆在娃娃家扮演妈妈、爸爸的体会，轻声地在他的耳边引导提示，鼓励比较腼腆的幼儿丰富表达内容。

3. 像建军节这样距离孩子平时生活比较远的节日，我们也可以通过播放阅兵式、救援视频等多媒体方式，让幼儿感受中国人民解放军给人民带来的安全感，从而引导幼儿感受作为中国人的自豪，愿意为祖国的建设做贡献。

活动反思

Q：介绍节日愿望对幼儿语言发展有什么作用？

A：中班幼儿正处于语言爆发期，他们渴望表达。节日又是幼儿特别感兴趣的点，每个幼儿都具备一定的经验，因此幼儿会更愿意进行讲述，也有能力去表达。同时，在交流的过程中，幼儿回忆过节的美好，在积累和梳理生活经验的同时，又能更进一步表达自己的愿望，无论小心愿还是大抱负，都是幼儿对节日的一些感悟，是表达内心体验的过程。相同的节日体验会更吸引班级其他幼儿的有意倾听，既能发展幼儿的语言能力，也能提升幼儿社会性发展，潜移默化间也能培养幼儿的倾听习惯。

上海市杨浦区延吉幼儿园　龚珉希

任务四　深度谈话（大班）——金牌值日生

活动设计说明

值日生，是大班班级活动中的一项常规工作。通常会在来园时，鼓励幼儿选择各自感兴趣的值日生负责项目。考虑到大班幼儿语言表达能力日益成熟，且责任意识、任务意识以及集体的归属感都需要逐步深入地进行培养，我们在每日上午的"今天我值日"环节，会组织值日生向同伴介绍自己的身份；以及离园时，组织幼儿评选我心中的"金牌值日生"。

幼儿要对值日生所开展的每一项工作的职责非常清晰。并且，能够在日常的班级生活中，关注到同伴或者自己在一日活动中存在的不足与问题，能够通过担任值日生来进行自我调整，逐步使幼儿成为班级的自主管理者，形成一定的责任感与归属感。

图 3-1-8　金牌值日生

活动流程图

<table>
<tr><td align="center">**活动名称**
金牌值日生（大班）</td></tr>
<tr><td align="center">**核心经验**
初步运用谈话策略</td></tr>
</table>

↓

<table>
<tr><td align="center">**活动准备**</td></tr>
<tr><td>班级设置值日生自主选择分工与职责的环境布置，幼儿每日担任值日生的排序表</td></tr>
</table>

↓

<table>
<tr><td align="center">**活动过程**</td></tr>
<tr><td>
1. 教师邀请担任今天值日生的幼儿上前，用较为完整的语言，向同伴介绍自己今天担任的值日生内容及关于今天该项活动的注意事项（主要是前几日该值日生关注到的一些问题，或者温馨提示），如：我是负责自然角的值日生，这些天，我发现植物角里有些植物的泥土一直是干干的，请他的小主人记得给植物浇水，这样它才能健康长大。又如：我是餐厅值日生，请大家吃饭的时候做到细嚼慢咽，养成好的进餐习惯哦

2. 幼儿通过自我介绍，不仅让其他幼儿了解今天值日生负责的相关内容，也鼓励幼儿在不担任值日生的日子里，仍能时刻关注身边发生的事情，培养幼儿关心集体的良好情感以及自我管理的积极态度

3. "金牌值日生"安排在离园环节。通过值日生对今日工作的回顾以及同伴的点评，促进幼儿语言表达能力提升的同时，激发幼儿对同伴的认同感以及对值日生工作的积极性。在这个环节，每位值日生要向同伴简单地介绍一下今天的值日经历。比如：我今天是整理教室的值日生，自由活动结束后，我把一些没能及时整理好的玩具送回了家。美术活动后，地上有些废纸，我也把它们捡起来扔进了垃圾桶

4. 在进入评选环节时，通过"我来夸夸他"，让投票的幼儿夸一夸他选出的这个值日生好在哪里。如：我选×××，今天喝水时，他提醒我不能倒满杯水，先倒半杯，不够再加；我选×××，我看到今天他在给自然角的植物修剪枯叶。同伴间的认可与鼓励，能够带给幼儿更多的自豪感和荣誉感，激发他们主动参与班级管理的积极性，也更能挖掘值日生工作的教育价值

5. 最后，教师给得票最多的幼儿颁发"金牌值日生"奖励
</td></tr>
</table>

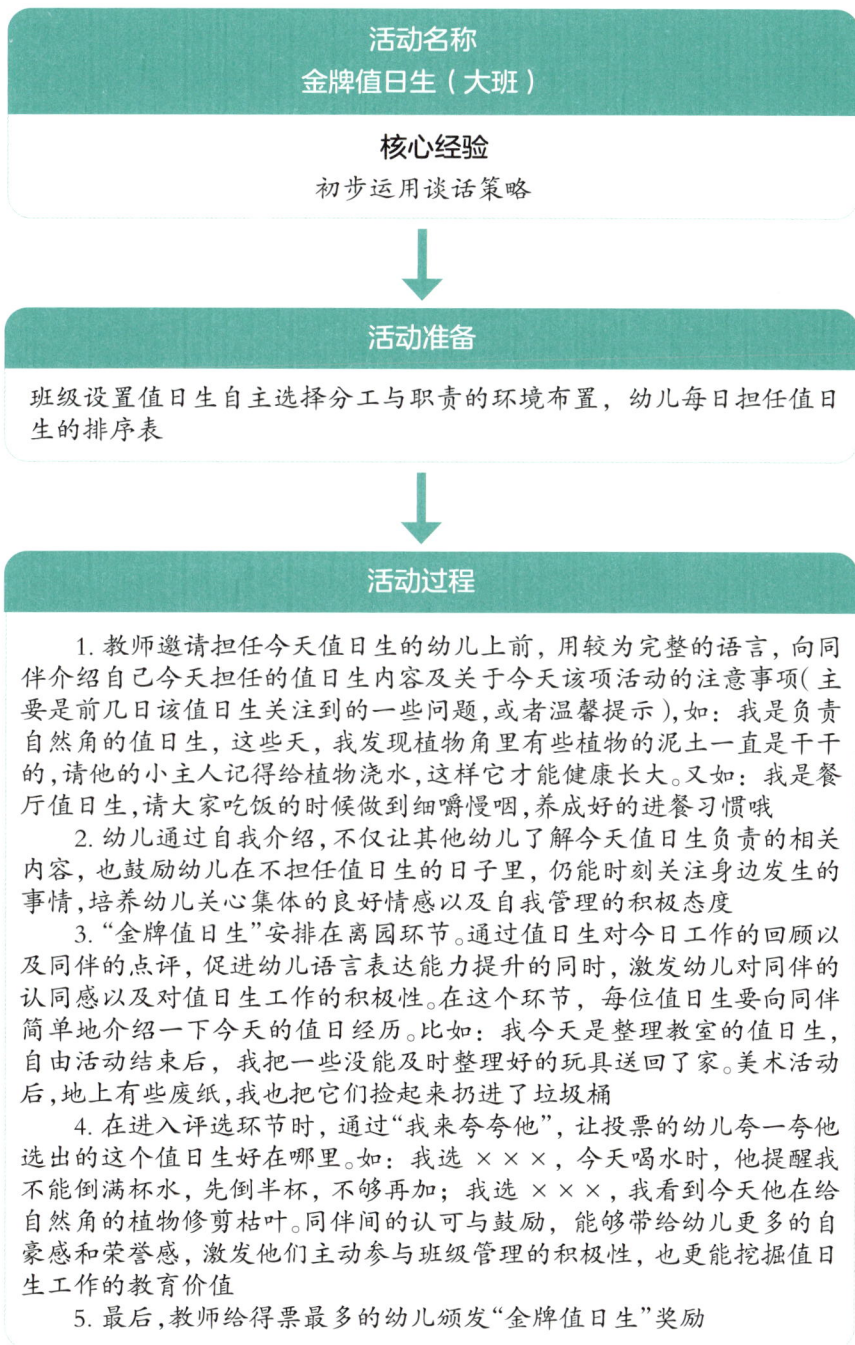

图 3-1-9 "金牌值日生"活动流程图

提示

    1.教师在创设值日生环境时，首先要和幼儿一同商量，值日生可以分成哪些板块进行，每个板块分别负责哪些内容。这种自下而上的互动能够很好地帮助幼儿明确值日生的分工，在工作开展的过程中更有主动性，更能在后面的介绍与点评环节有话可说。

    2.在活动前期，教师可以引导幼儿关注每天值日生的工作，并在集体面前说一些有关值日生的话题。教师的引导，能够为后续活动的有效开展添砖加瓦，奠定切实可行的语言表述基础。

    3.及时鼓励、肯定能够发现亮点的值日生或参与点评的幼儿。在点评过程中，教师也应注意大班幼儿的完整表述。对于一些好词好句、规范用语应该及时捕捉，进行肯定与表扬，让更多的幼儿能够在语言表达上进一步发展。

活动反思

Q：为什么要开展"金牌值日生"活动？

A：首先，大班幼儿具有了较好的语言表达能力。他们能够完整、连贯、有序地表述一件事情、自己的发现和自己的想法。教师应该重视培养幼儿的语言表述能力，挖掘身边的资源，营造良好的语言氛围，为幼儿提供语言发展的机会与环境，让他们有话可说、能说、乐说。

其次，大班幼儿即将进入小学，更要重视他们责任意识与任务意识的培养。在以往开展值日生工作时，我们会发现不少幼儿会为了做而做，不能够主动地发现值日生工作的职责和乐趣，工作程序化、机械化。现在通过"自我介绍""他人点评"的模式，激发了他们积极地参与到值日生工作中的愿望，在主动参与的过程中，逐步形成责任感与任务意识，从而帮助幼儿更快地成长。

最后，通过活动，让他们在为集体服务的过程中获得来自教师、同伴的认同感，从而形成了积极、快乐、向上的情感体验，产生对集体的归属感。

上海市杨浦区延吉幼儿园　朱玉娟

项目二　叙事性讲述活动

任务一　命题讲述（小班、中班、大班）——我的周末心情故事

活动设计说明

　　每周一来园，相信每位教师都会察觉到一个有趣的现象——幼儿总会有些"状况外"，各种各样的情况不胜枚举。有的特别兴奋，一个劲说个不停；有的呆愣愣的，做什么事都慢半拍；还有的个别幼儿一到周一就因为各种缘由请假。这个小小的周末似乎有了魔力，让每个周一都在经历"重新洗牌"。基于对幼儿的众生相的观察和分析，一个有趣的语言互动活动应运而生——"我的周末心情故事"，在集体面前说一说周末两天的小故事。这个锁定每周一进行的活动，仿佛打开了幼儿的话匣子，他们都会有独属于自己的"周末记忆"。对小班幼儿来说，站在集体面前需要很大的勇气；对中班幼儿来说，把事情表达清楚就很不容易；对大班幼儿来说，分享的故事一定要牢牢抓住同伴的耳朵。幼儿在倾听、询问和讲述中分享故事，感受心情，习得经验，提升能力。

图 3-2-1　我的周末心情故事

活动流程图

活动名称
我的周末心情故事
核心经验
有条理地组织讲述的内容

活动准备
彩色纸，画笔，录音笔若干，墙面布置：我的周末心情故事（包含讲述提示卡：人物、地点、时间、事件等）

活动过程
1. 可预先告知家长协同，共同关注、引导幼儿讲述或记录 2. 在集体面前进行分享

小班	中班	大班
教师通过询问幼儿"周末过的开不开心？"进入话题，引发幼儿对于周末发生事件的回忆，通过"为什么？""你做了什么？""看到了什么？"等提示性提问，帮助幼儿通过三言两语说清楚周末发生的事情	教师可以鼓励幼儿独自讲述，幼儿借助周末拍摄的照片、视频讲述后，教师引导集体提问"你的心情怎么样？""还发生了什么事？"等，进一步补充幼儿在讲述时没有表示清楚的内容	幼儿讲述前，教师应该鼓励幼儿做好充分的准备，特别是幼儿自己绘制、记录的时候，教师可借机让幼儿说说这样画的意图，并鼓励幼儿大胆亮出自己的观点，也可以融入一些自主评价，如"故事大王"等，鼓励幼儿积极分享和交流

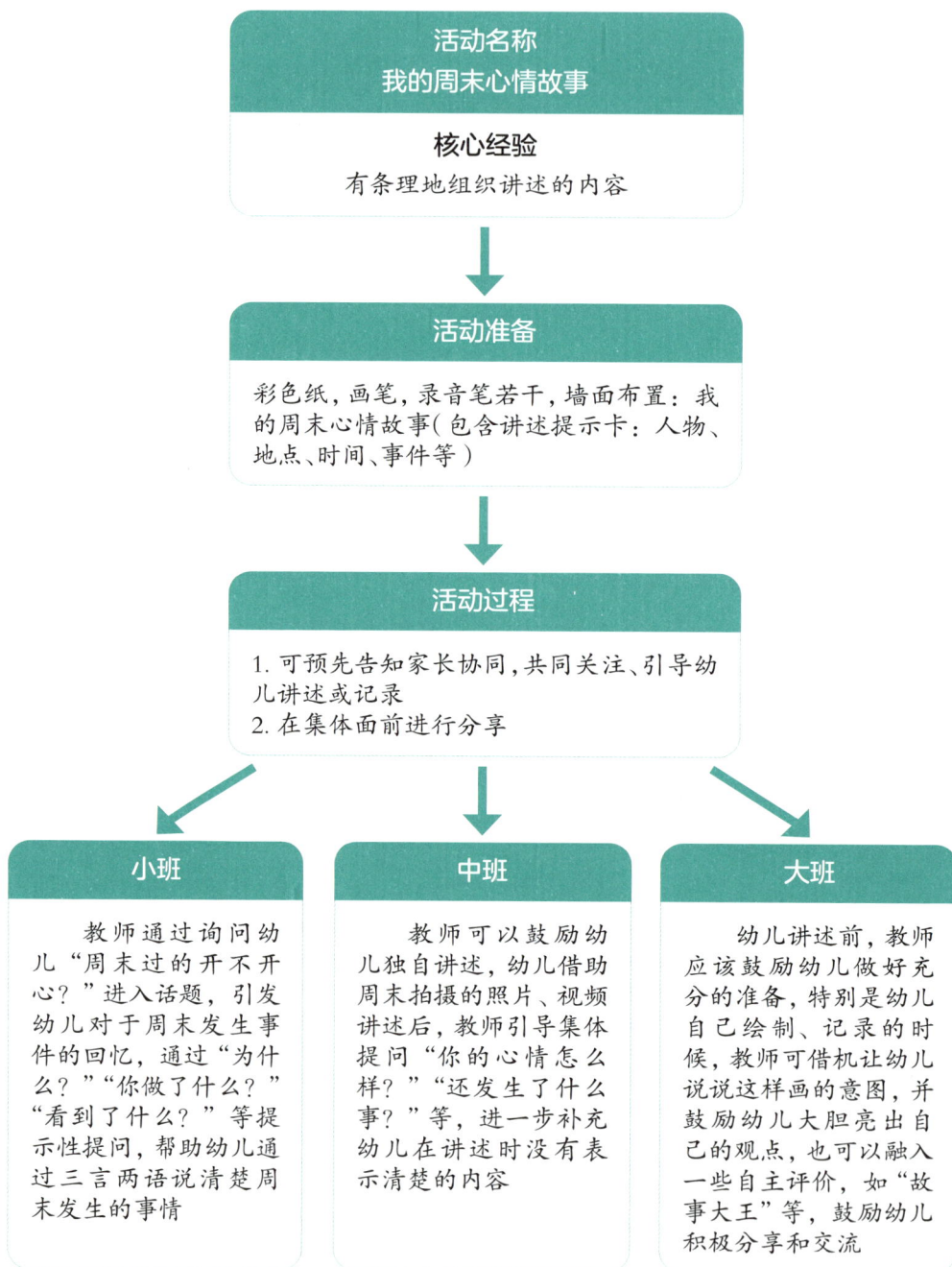

图 3-2-2 "我的周末心情故事"活动流程图

> **提示**
>
> 　　1.完整的、有逻辑顺序地讲述一件事，对中班幼儿来说有一定的难度，所以教师一开始可以采用凭借物方式，提前与家长沟通，为幼儿准备一些周末故事里幼儿印象深刻的物品，并提前与幼儿进行交流，听听幼儿对这一事件的印象和表述，为幼儿在集体面前的讲述做好准备。
>
> 　　2.通过简单的提示图谱，引导幼儿有参照、有逻辑地进行表达，说清楚和谁、在什么时间、做了什么事情，为幼儿完整讲述事件提供可靠的支持。
>
> 　　3.教师可采用一些激励的手段调动幼儿参与的积极性，还可以融入一些自主评价，如"每周讲述之星""周末故事大王"等等，鼓励幼儿积极参与分享和交流。

活动反思

　　Q：为什么选择周末作为叙事性讲述的话题？

　　A：周末心情故事，关注的是幼儿们的经历。首先，叙事性讲述关键要对事件有充分的了解，那么周末事件就是每个幼儿都经历的，但又是与众不同的，"说周末"保证了每个幼儿都有话可说。且在同伴的讲述中，鼓励幼儿们大胆分析、猜测同伴的心理，既保证了倾听的质量，对于幼儿理解能力的提升也很有助益。其次，我们都明白在集体面前开口，并不是人人都能做到的，绝大多数时候站到台上的都是一些性格比较外向的幼儿，但是在这个互动活动里，我们要打破这样的主导和单一，鼓励幼儿轮流参与，因为有话可说，因为有所经历，所以幼儿们欠缺的就不再是认知上的经验，而是胆量、勇气。

　　Q：叙事性讲述和日常谈话相比难在哪里？

　　A：叙事性讲述属于独白语言，需要讲述者能够独立构思并在集体面前讲述，这就要求幼儿理解集体场合是一种与日常交谈不同的语境。幼儿不再只是一对一或者小群体的说话，而是要通过自己的讲述，在清晰表达自己观点和看法的同时，满足听众的需要，从而吸引听众的注意。所以这也就意味着讲的无趣、乏味、冗长都会影响讲述的效果，要采取一定的方法去讲述。与此同时，站在台上的讲述者也能够通过台下人的表情、动作直观了解到他们对讲述内容的态度，这种冲击也与日常谈话有很大不同。

上海市杨浦区教育学院　袁　洁

音频 3-3

新闻
小主播

任务二　独白讲述（大班）——新闻小主播

活动设计说明

　　为了充分利用幼儿在园的一日活动时间，提供更多的机会提升幼儿的语言表达能力。每日的自由活动时间，我们总会留出一点时间让幼儿在集体面前说说讲讲，进入大班后，"新闻小主播"就成了许多班级的主旋律，通过找新闻、听新闻、看新闻、报新闻，引发幼儿对周围事物的关注，同时新闻主播台和新闻墙的环境创设，也为"播报"新闻增加了真实感。

　　大班的幼儿已经具有了一定的叙事能力，但是如何有条理地组织讲述内容，能够让听众听懂、理解其讲述，其实还是非常有挑战的。且讲述的主题是新闻，这更考验幼儿在日常生活中的观察和积累，所以"小小主播"并不好当。

图 3-2-3　新闻小主播

活动流程图

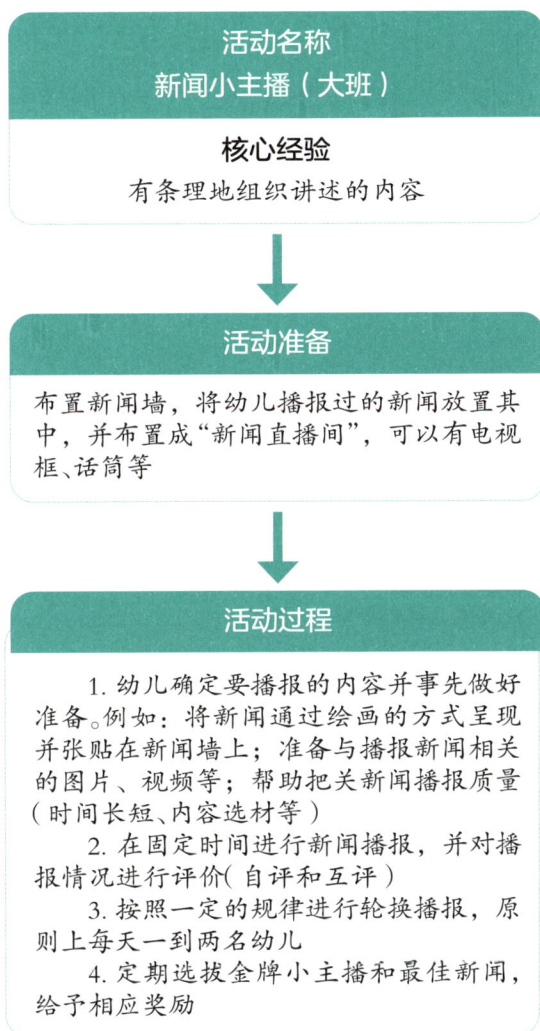

活动名称
新闻小主播（大班）

核心经验
有条理地组织讲述的内容

活动准备
布置新闻墙，将幼儿播报过的新闻放置其中，并布置成"新闻直播间"，可以有电视框、话筒等

活动过程

1. 幼儿确定要播报的内容并事先做好准备。例如：将新闻通过绘画的方式呈现并张贴在新闻墙上；准备与播报新闻相关的图片、视频等；帮助把关新闻播报质量（时间长短、内容选材等）

2. 在固定时间进行新闻播报，并对播报情况进行评价（自评和互评）

3. 按照一定的规律进行轮换播报，原则上每天一到两名幼儿

4. 定期选拔金牌小主播和最佳新闻，给予相应奖励

图 3-2-4 "新闻小主播"活动流程图

提示

1. 大班幼儿可以完整简单地讲述一件事，所以为了丰富其语言，使其语言表达水平有所提升，在前期准备过程中，家长和教师可以在帮助幼儿理顺句子的同时，加入一两个新词语，丰富幼儿的词汇量，使播报者和倾听者都有所收获。

2.对于大班幼儿来说，在新闻播报活动中幼儿都是处于主导地位。在后期的播报活动结束时，我们可以鼓励幼儿进行自我评价和同伴评价，不仅能够对自己提出要求，还可以使幼儿更专注地倾听，从而提高幼儿的播报水平、表达及倾听能力。

活动反思

Q：为什么要在大班开展新闻小主播活动？

A："新闻播报"是让幼儿自己去了解身边的事物，通过理解，再借助于凭借物，围绕叙事主题进行较完整的构思并在集体面前讲述，是一个综合性强、符合大班幼儿年龄特点且富有挑战性的活动。借助这一活动，我们为幼儿提供了轻松、自由且正式的表达环境。幼儿通过向同伴讲讲新闻及自己身边的新鲜事，不仅可以锻炼胆量，还可以激励自己，更愿意在集体面前表现自己、乐于关注身边的人和事，更能体验到与大家一起分享喜怒哀乐的乐趣。

Q：如何判断幼儿的讲述是否有序、清晰？

A：叙事不仅是儿童了解和表达世界的基本方式，还是儿童综合语言能力水平的反映，并且与幼儿未来的读写能力发展有密切联系，叙事性讲述是用口头语言把人物的经历、行为或事情发生、发展、变化讲述出来，要说清楚人物、时间、事件和事件发生原因，这些讲述要素在一个新闻报道中都是非常必要的。因此判断幼儿的讲述是否有序、清晰，首先要对这些要素进行梳理，同时考虑到字、词的使用和语音语调等后续问题。注意，有序和清晰的标准可以因人而异，因为我们开展叙事性讲述活动还是基于幼儿的语言能力发展而创设，并不是绝对的为了下判断及形成一定的结论。

上海市杨浦区延吉幼儿园   周   妍

项目三 说明性讲述活动

任务一 支架讲述（小班、中班、大班）——玩具介绍会

活动设计说明

自由活动是幼儿园一日活动中必不可少的环节，在这个环节中，幼儿可以自由选择玩什么、和谁一起玩、在哪里玩等，很多幼儿也都喜欢在自由活动中玩自己从家里带来的玩具。玩具中蕴含着多元的讲述素材，如，玩具的名称、外形特征、玩法、玩具的来源、喜欢玩具的理由等等。以玩具作为讲述的主题，开展"玩具介绍会"，让幼儿相互介绍自己的玩具，既能促进幼儿与同伴间的交流与互动，又能激发幼儿进行讲述的兴趣，培养幼儿说明性讲述的能力，促进他们口语表达能力的发展。

图 3-3-1 玩具介绍会

活动流程图

活动名称
玩具介绍会

核心经验
理解说明性讲述的内容组织方式

↓

活动准备

调整教室空间，便于幼儿三三两两聚在一起玩玩具，鼓励幼儿自主选择同伴和玩玩具的地方，播放轻音乐，营造自由宽松的活动氛围

↓

活动过程

可以在自由活动的前、中、后举行，教师可根据实际情况灵活安排。

1. 自由活动前：请个别幼儿介绍自己的玩具，引发其他幼儿对介绍玩具这一活动的兴趣，更积极主动地加入到玩具介绍会中来

2. 自由活动中：教师以玩伴的方式加入幼儿，发起玩具介绍会，鼓励幼儿与同伴互相介绍自己的玩具

3. 自由活动后：选择当天活动中最受幼儿欢迎的玩具，请主人介绍，其他一起玩过的幼儿进行补充

↓

小班

鼓励幼儿演示、介绍自己的玩具，可通过问答的方式引导幼儿根据玩具的外在特征开展讲述，说说玩具的名称、颜色、形状等

中班

教师以玩伴身份加入，指导幼儿围绕玩具构思讲述的内容，并按照一定的顺序进行讲述，如，可按照操作玩具的先后顺序讲述，可按照玩具从头部到尾部的顺序讲述等

大班

倾听幼儿的讲述，抛出新话题，激发幼儿独立构思并讲述，如，喜欢玩具的理由。还可指导幼儿根据玩具的特点分主次进行讲述，尝试有重点地讲述

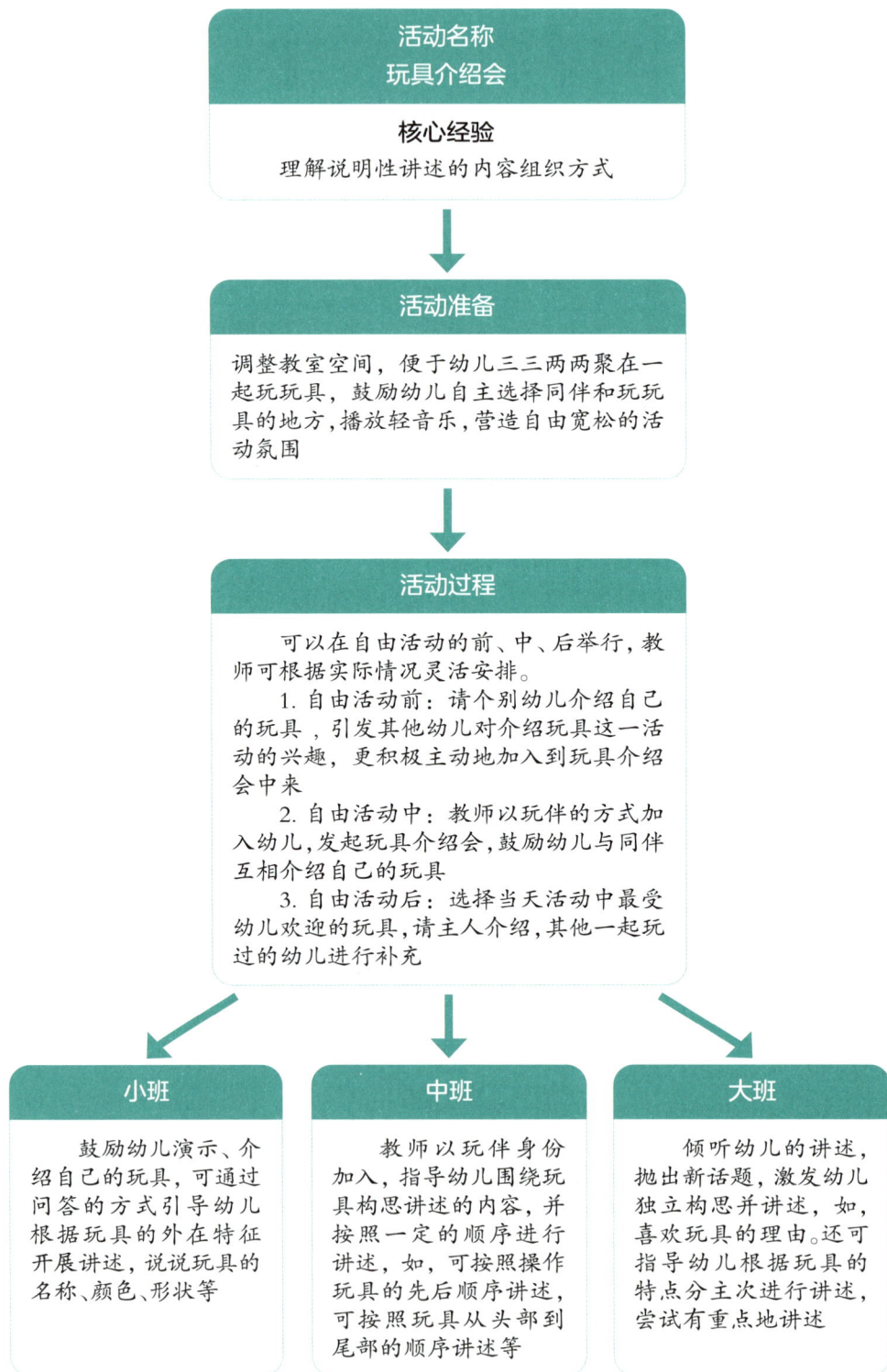

图 3-3-2   "玩具介绍会"活动流程图

提示

1.说明性讲述要求幼儿运用独白式的语言有条理地进行介绍，这对幼儿来说有一定的挑战性。教师可以运用示范的方法，对某一玩具进行介绍，让幼儿初步了解讲述时的方法，如：要注意讲述的顺序、表述要清晰完整等。

2.如果幼儿的讲述较杂乱，教师可以采用问答提示的方法，引导幼儿梳理讲述的逻辑，顺利完成说明性讲述。如：可以问"你的车是什么颜色的？什么形状的？车的顶灯有什么用？"让幼儿能逐步从玩具车的颜色、形状等整体逐步过渡到细节（顶灯）进行讲述；也可以问"你已经介绍完了车子外形，接下来想不想告诉大家你的车子有什么本领？"引发幼儿对玩具车的功能的关注，丰富说明性讲述的内容，并掌握先说外部特征再说内在功能的讲述顺序。

3.鼓励倾听的幼儿与介绍者进行交流互动，能帮助介绍者了解听者的需求，学习根据听者的需求来逐步丰富或调整自己所介绍的内容；也能让介绍者感受到被关注、被倾听，从而培养介绍者的自信心。

活动反思

Q：为什么说自由活动是开展说明性讲述的良好时机？

A：幼儿在自由活动环节，始终处在愉悦与宽松的环境中。他们是自主的、随心的。在这样轻松的氛围中，幼儿更容易建立起讲述的兴趣，产生讲述的欲望。自己带来的好玩的玩具，承载着幼儿的情感，是幼儿熟悉的、有一定经验的、印象深刻的物品。以它作为讲述的主题，让幼儿有话可说，也减轻了幼儿独立构思讲述内容的压力，使说明性讲述变得更为顺畅。

Q：如何循序渐进地指导幼儿进行说明性讲述？

A：初始阶段，以培养兴趣、培养自信为主。无论幼儿说得如何都没关系，鼓励幼儿愿意说、敢说。稳定阶段，注重独立讲述、表达清晰。可以为幼儿提供凭借物、搭建独立讲述的支架，逐步引导幼儿讲清楚、讲完整。提高阶段，强调用词准确、讲述内容有一定的逻辑性。在独立讲述的基础上，引导幼儿有顺序地讲述，恰当运用词语等。

上海市杨浦区延吉幼儿园　许　琴

音频 3-4

报菜名

任务二　经验讲述（小班、中班、大班）——报菜名

活动设计说明

在每天午餐环节之前的生活活动时间，很多教师会利用这简短的几分钟进行"报菜名"活动：让幼儿去餐厅看一看，问一问，说一说"今天吃什么"。这是一个与健康领域高度相关的说明性讲述活动。

图 3-3-3　报菜名

活动流程图

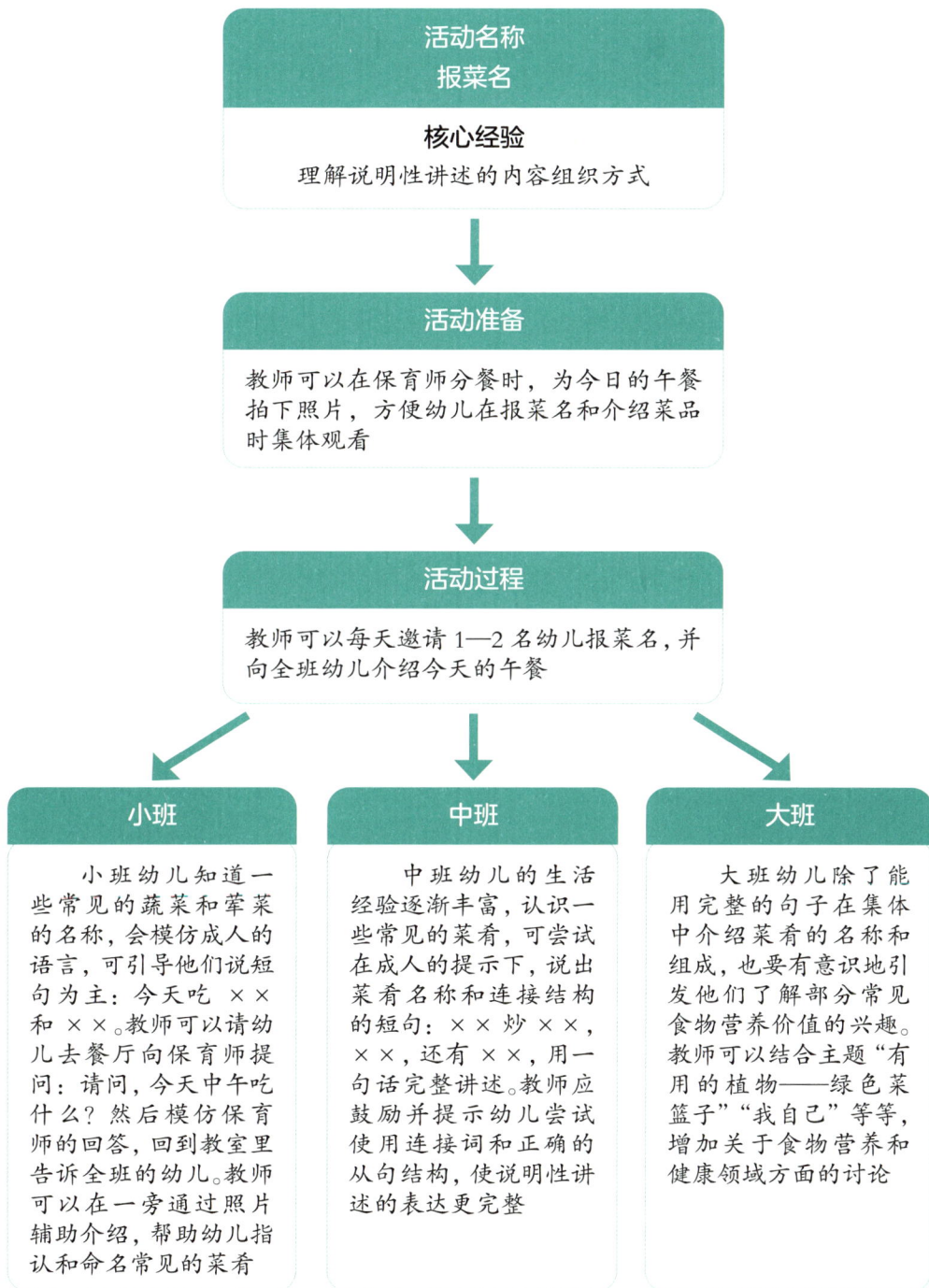

图 3-3-4　"报菜名"活动流程图

提示

1.开展报菜名此类的说明性讲述活动，可能一开始对小班幼儿来说会有一定难度。他们常常刚刚问好保育师今天的午餐菜品，等回到教室就会忘记了。所以，可以在最开始使用照片进行辅助介绍，帮助幼儿回忆。或者也可尝试多请几位幼儿参与：一个报蔬菜名称，一个报荤菜名称，一个报汤的名称。这样有利于幼儿完成报菜名的小任务。

2.报菜名的形式除了幼儿的个人介绍，也可以采用别的形式。比如，请幼儿记住菜名，回来告诉教师，而教师可以用谜语的形式，请全体幼儿来猜一猜今天吃什么菜，引发集体关注的兴趣。然后再请幼儿来介绍今日菜品的做法：炒、煮、红烧等等。

活动反思

Q：开展"报菜名"活动的益处有哪些？

A："报菜名"活动是利用幼儿园一日活动中的细碎时间来进行的随机活动，活动形式常以说明性讲述为主；有时也可结合谈话活动。开展此类语言互动活动的益处很多。首先，午餐的菜品是每日变化的，对于幼儿来说，这是比较容易观察、体验和描述的变化。但是要用规范准确、简洁明了的词句，比较完整地表达和描述菜品，有一些困难。所以这是一个既贴合幼儿日常生活经验，又接近幼儿语言的最近发展区的活动。其次，通过对菜品本身材料和做法的介绍，能使幼儿感受到食物多样性的特点，慢慢体会到营养膳食搭配的重要性。每日关于菜品的讨论，能引发他们对身边信息的关注，也是从"有内容地讲述"向"有重点地讲述"逐步发展。

上海市杨浦区延吉幼儿园　符佳然

任务三 规范讲述（小班、中班、大班）——小小气象预报员

活动设计说明

"天气"是幼儿在来园时经常会分享的话题，我们也会利用这段时间，请幼儿来展开说说。"小小气象预报员"的活动可以结合班级"气象墙"，引导幼儿注意观察天气的变化，感受四季变化的规律，知道不同天气对我们生活的影响，在日积月累的分享过程中，鼓励幼儿在同伴面前大胆表达，锻炼说明性讲述的能力。

图 3-3-5 小小气象预报员

活动流程图

活动名称
小小气象预报员

核心经验
理解说明性讲述的内容组织方式

活动准备

天气预报的经验准备,气象墙环境

活动过程

1. 事先预约 1—2 名幼儿,了解第二天的天气
2. 操作气象墙,在集体面前播报天气预报
3. 按照一定顺序轮流进行

小班	中班	大班
小班幼儿对不同天气的特征有一定的生活经验,可鼓励幼儿用简单的词句描述天气特征,也可以描述自身的感受。例如:小班一开始可以只简单介绍"晴天""雨天"等,如果表达或特征概括有困难,可以表达自己的感受"天黑黑的"等,从侧面表现出天气特征。随着活动推进,可以加入简单的日期(星期几)的概念	进入中班后,幼儿在成人的帮助下,已能基本理解天气预报中的内容,此时可以引导幼儿关注天气变化与人们生活的关系,并按照一定顺序播报天气预报。如:今天是几月几号星期几,天气如何,穿衣指数如何等	到了大班,可以鼓励幼儿事先对听到的内容进行简单记录,在集体面前有顺序、有主次、用语规范地进行播报。播报内容方面,可以增加洗晒指数、空气污染指数等;播报形式方面,可以采用两人合作或独立播报;气象墙方面,可呈现图示,鼓励幼儿描述趋势;个性内容方面,临海幼儿园可以关注浪高、潮汐时间等

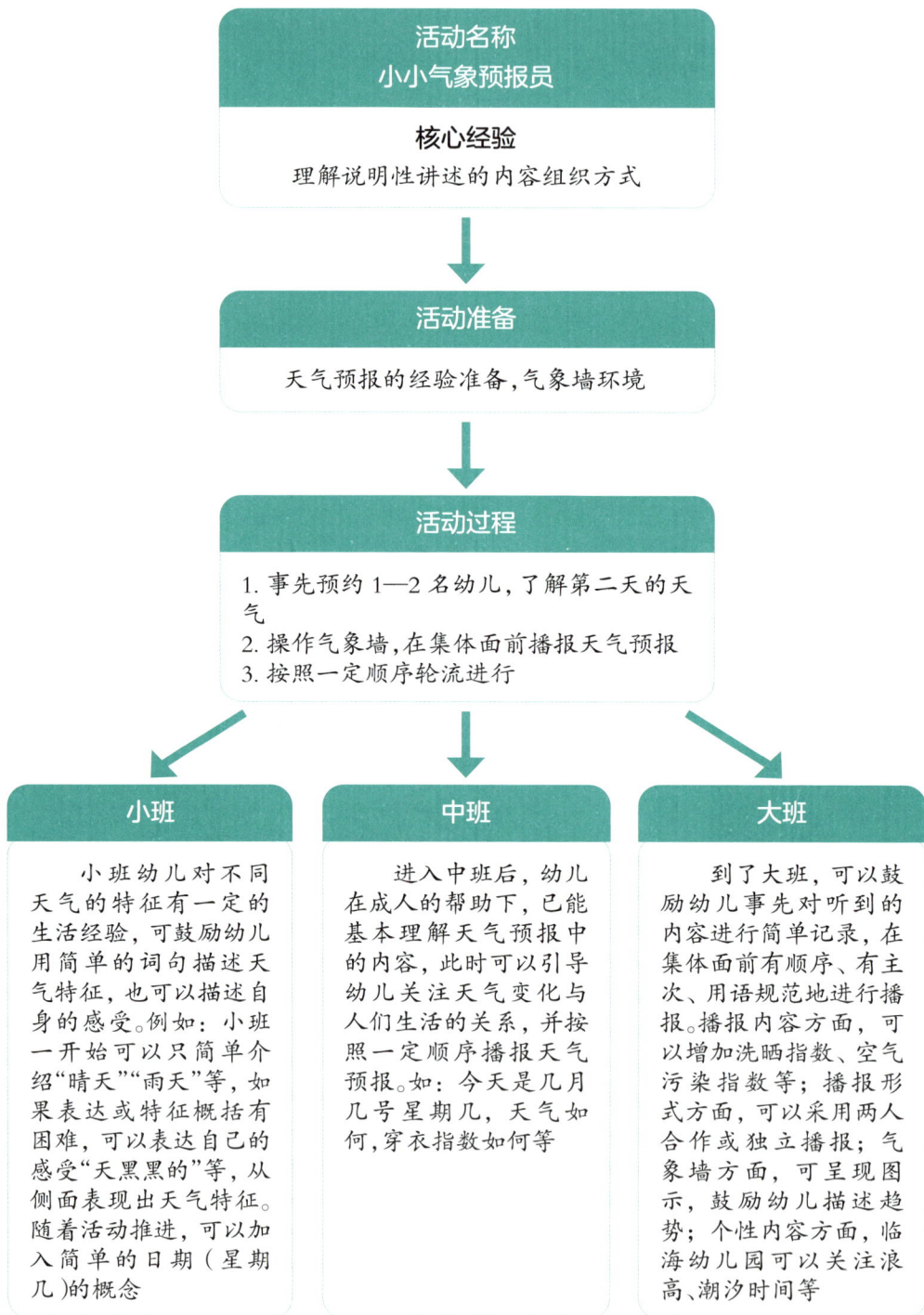

图 3-3-6 　"小小气象预报员"活动流程图

提示

1. 在进行播报之前，可以结合主题活动、观看录像、谈话等形式，引导幼儿了解什么是天气预报，天气预报有什么作用，不同的天气符号代表什么意思，引发幼儿对天气预报的兴趣。比如，在大班主题活动"春夏和秋冬"中，幼儿感受到了四季变化对人们衣着、生活的影响，这时候，就可以引导幼儿对气温、空气指数等进行记录，还可以把这些数据做成曲线图、柱状图等图表的形式，让幼儿自己去发现其中的规律甚至判断趋势，让幼儿能够感受到预报天气对人们生活的帮助和作用。

2. 完整播报天气情况对小班幼儿来说有一定的难度，所以教师一开始可以采用与幼儿对话的方式对幼儿进行提示。如果幼儿说明描述能力较弱，教师也可引导幼儿通过描述自己的感受进行介绍。比如，幼儿不能明确说出"今天天气多云"，教师可以引导幼儿描述对当日太阳的感受，如"太阳躲起来了"等，从侧面表现出天气的特征，并帮助幼儿进行总结和概括以积累相应经验。

活动反思

Q: 为什么说天气预报有助于幼儿语言的发展？

A: 平时我们新闻中听到的天气预报，其用语是十分严谨、专业的说明性语言。幼儿进行天气播报就是在感受说明性语言简单明了、规范准确的特征中不断体验、尝试和练习。在这一过程中，幼儿的语言从口语化、不规范到准确、具有概括性；从讲述某一直观特征到有条理、有顺序、分主次地讲述；从在熟悉的人面前讲述自己熟悉或喜爱的事物到能够在集体面前讲述经由自己独立构思的内容。通过播报天气预报，不仅能帮助幼儿把感受和讲述有逻辑地结合，还能将零散的生活经验系统地进行概括与总结，更重要的是锻炼了幼儿有逻辑的连贯表达、用规范语言进行说明性讲述等方面的能力。

上海市杨浦区延吉幼儿园　戎晓雯

图书在版编目(CIP)数据

幼儿语言核心经验与活动设计/王晓燕主编. —上海：复旦大学出版社,2025.1
ISBN 978-7-309-15718-5

Ⅰ.①幼… Ⅱ.①王… Ⅲ.①语言教学-教学设计-学前教育 Ⅳ.①G613.2

中国版本图书馆 CIP 数据核字(2021)第 101127 号

幼儿语言核心经验与活动设计
王晓燕 主编
责任编辑/谢少卿
版式设计/右序设计

复旦大学出版社有限公司出版发行
上海市国权路 579 号 邮编：200433
网址：fupnet@ fudanpress.com http://www.fudanpress.com
门市零售：86-21-65102580 团体订购：86-21-65104505
出版部电话：86-21-65642845
上海丽佳制版印刷有限公司

开本 787 毫米×1092 毫米 1/16 印张 13 字数 217 千字
2025 年 1 月第 1 版
2025 年 1 月第 1 版第 1 次印刷

ISBN 978-7-309-15718-5/G · 2256
定价：58.00 元